Uwe Freund, Patrick Freund:
Knigge-Update: 8 einfache Strategien für mehr
Erfolg durch Business-Etikette. Sicherheit durch
gutes Benehmen und zeitgemäße Umgangsformen bei
offiziellen, beruflichen und privaten Anlässen.

Klare Antworten auf alle wichtigen Fragen.
Reihe: Prima, so einfach geht's!

ISBN 978-3-930175-58-1

© 2015 uwefreund.com, München und
up next verlag, Eduard-Schmid-Str. 29, 81541 München

Alle Fotos: © 2012 Uwe Freund, München

Kommunikationstraining und Coaching:
www.uwefreund.com

Bücher, eBooks und Apps:
www.upnextedition.com

iPhone + iPod:	itunes.uwefreund.com
Kindle + Bücher:	amazon.uwefreund.com
Google Play:	googleplay.uwefreund.com
PDF-Format:	pdf.uwefreund.com

Haben Sie Fragen zur Business-Etikette – oder anderen Bereichen der Kommunikation? Fragen Sie direkt unter
www.fraguwe.de oder www.facebook.com/fraguwe

Das Buch

Gute Umgangsformen sind ein wichtiges Unterscheidungsmerkmal im Beruf. Kontaktfähigkeit, positives persönliches Auftreten, die Fähigkeit zu Networking und Kundenorientierung sind maßgeblich für den beruflichen und privaten Erfolg.

Auch durch Internet, Internationalisierung und Umstrukturierungen in der Arbeitswelt hat es hier viele Veränderungen gegeben. Ihr Update zu den aktuellen Umgangsformen erhalten Sie mit diesem Buch.

In der Reihe „Prima, so einfach geht's!" erscheinen Bücher, eBooks und Apps für mehr Erfolg im Beruf, zum Beispiel „Erfolgreiche E-Mails und Briefe", „Zeitmanagement und Selbstmanagement" oder „Business-Etikette".

Der Autor

Uwe Freund studierte Politik, Germanistik und Psychologie In Frankfurt am Main und München. Bereits während des Studiums war er als freier Journalist für verschiedene Zeitungen und Zeitschriften tätig. 1989 erschienen seine ersten Bücher, Softwareprodukte und CD-ROMs mit mittlerweile mehr als 1 Million verkauften Exemplaren, zum Beispiel „Die Geburtstagszeitung". Zahlreiche Bücher und Produkte wurden ins Englische, ins Französische und in weitere Sprachen übersetzt.

Uwe Freund ist Kommunikationstrainer und hält seit 1989 Trainings und Workshops in den Bereichen schriftliche Kommunikation, Zeitmanagement und Arbeitsorganisation sowie Gesprächsführung, Moderation und Business-Etikette.

Der Illustrator

Patrick Freund ist 1983 in Heppenheim geboren und lebt seit 2006 in München. Er ist Dipl. Ing. Architektur (Univ.) in einem Architekturbüro in München. Bücher illustriert er zum Beispiel mit Cinema 4D und V-Ray.

Uwe Freund + Patrick Freund

Knigge-Update: 8 einfache Strategien
für mehr Erfolg durch Business-Etikette..

up next edition münchen

Knigge-Update: Business-Etikette

1 Grüßen und Begrüßen   20

2 Gespräche, Smalltalk und Medien   28

„Das Benehmen eines Menschen sollte wie seine Kleidung sein, nicht steif und peinlich akkurat, sondern frei genug, um sich zu bewegen und sich zu bestätigen."

Sir Francis von Bacon

englischer Philosoph, Essayist und Staatsmann(1561 - 1626)

Ihr persönliches Knigge-Update

Gute Umgangsformen sind ein wichtiges Unterscheidungsmerkmal im Beruf. Kontaktfähigkeit, positives persönliches Auftreten, die Fähigkeit zum Networking und Kundenorientierung sind maßgeblich für den beruflichen und privaten Erfolg.

Dabei geht es nicht darum, dass Sie jede noch so ungewöhnliche Speise nach den Regeln der Kunst zu sich nehmen können. Es geht darum, wie Sie im persönlichen Kontakt einen positiven, sympathischen, kompetenten und professionellen Eindruck hinterlassen.

Auch durch Internet, Internationalisierung und Umstrukturierungen in der Arbeitswelt hat es hier eine Reihe von Veränderungen gegeben. Ihr Update zu den aktuellen Umgangsformen erhalten Sie mit diesem Buch.

Mit nur 8 Grundstrategien können Sie schon intuitiv handeln und sich vieles Weitere selbst erschließen.

Mit der Volltextsuche im iBook bzw. dem ausführlichen Index im gedruckten Buch schlagen Sie auch „in letzter Sekunde" unterwegs noch alles Wichtige nach - und machen den perfekten Eindruck.

Und wenn Sie doch noch Fragen haben: Fragen Sie uns einfach. Direkt im Wissensblog www.fraguwe.de

Ich wünsche Ihnen dabei viel Spaß und Erfolg. Starten Sie direkt mit dem Etikette-Test auf den folgenden Seiten.

Uwe Freund

info@uwefreund.com

Ihr Business-Etikette-Test: Wie gut sind Ihre Umgangsformen?

1. Ein Gruppe von Männern und Frauen unterschiedlichen Alters und unterschiedlicher Hierarchie warten auf den Fahrstuhl. Wer steigt zuerst ein?

A: Die hierarchisch Höchsten

B: Die Damen

C: Wer am nächsten zur Fahrstuhltür steht

2. Was machen Sie nach dem Essen mit der Papierserviette?

A: Ich zerknülle sie und lege sie auf den Teller.

B: Ich zerknülle sie und lege sie neben den Teller.

C: Ich lege sie wie eine Stoffserviette neben den Teller.

3. Eine Dame wartet in einem Besprechungsraum und ihr Besucher betritt den Raum.

A: Die Dame begrüßt den Besucher im Sitzen.

B: Die Dame bittet den Besucher, sich ebenfalls zu setzen, und begrüßt ihn dann.

C: Die Dame steht auf und begrüßt ihren Gast.

4. Wer gibt zuerst die Visitenkarte?

A: der Ranghöchste

B: der Gast

C: der Gastgeber

5. Wo steht am eingedeckten Platz das Wasserglas?

A: ganz rechts

B: in der Mitte

C: ganz links

6. Sie treffen Ihren Chef in der Kantine. Wer gibt wem die Hand?

A: Der Ranghöhere dem Rangniedrigeren.
B: Der Rangniedrigere dem Ranghöheren.

7. Wem gebührt bei Tisch der erste Schluck bei Tisch, zum Beispiel auch im Restaurant?

A: Dem Gastgeber bzw. im Restaurant dem Einladenden
B: Der Gastgeberin
C: Dem ältesten Gast
D: Dem ranghöchsten Gast

8. Wer eröffnet das Essen, indem er/sie selbst zu essen beginnt?

A: Der Gastgeber
B: Der Ehrengast
C: Die Gastgeberin

9. Brot, Brötchen und Toast werden grundsätzlich

A: gebrochen
B: geschnitten
C: vom ganzen Stück abgebissen.

10. Kartoffeln dürfen

A: mit dem Messer zerteilt werden,
B: nur mit der Gabel geteilt werden,
C: mit der Gabel zu Brei zerdrückt.

11. Spaghetti werden gegessen mit

A: Gabel
B: Gabel und Löffel
C: Gabel und Messer.

12. Wenn Sie nicht wissen, wie ein Gericht gegessen wird,

A: fragen Sie zuerst Ihren Nachbarn,

B: fragen Sie zuerst den Keller,

C: tun Sie so, als würde es Ihnen nicht schmecken, und lassen das Essen stehen.

13. Wie stellen Sie sich vor?

A: Ich bin der Meier Klaus.

B: Gestatten, ich bin der Herr Meier.

C: Ich heiße Klaus Meier.

14. Welche Kleidung tragen Sie bei einem Bewerbungsgespräch?

A: Stoffhose/Pullover bzw. Jeans/Bluse

B: Jeans/T-Shirt bzw. Stoffhose/Sweatshirt

C: Stoffhose/Hemd bzw. Rock/Bluse

15. Wie zeigen Sie dem Kellern, dass Sie mit dem Essen fertig sind und er/sie abräumen kann?

A: Besteck liegt in der Mitte des Tellers („6 Uhr")

B: Besteck liegt neben dem Teller auf dem Tisch

C: Besteck liegt unten halb rechts auf dem Teller („halb fünf Uhr")

16. Wo fassen Sie ein Glas mit Stiel an?

A: Am Stiel

B: Am Boden

C: Am Kelch

17. Ihr Tischnachbar niest. Was sagen Sie?

A: Gesundheit!

B: Hatschi!

C: nichts

Uwe Freund: Knigge-Update – Mehr Erfolg durch Business-Etikette

18. Ein Herr und eine Dame stehen vor einer Treppe. Wer geht zuerst hinauf?

A: Der Herr geht hinter der Dame.
B: Die Dame geht hinter dem Herrn.
C: Beide gehen nebeneinander.

19. Dürfen Sie Suppe auch trinken?

A: Nein, auf keinen Fall.
B: Ja, immer.
C: Ja, allerdings nur dann, wenn die Suppentasse Henkel hat.

20. Was machen Sie im Restaurant mit dem Weinkorken, den Ihnen der Kellner nach dem Öffnen der Flaschen zeigt?

A: Sie prüfen, ob er verfault ist.
B: Sie riechen daran, um die Qualität des Weins zu ermitteln.

21. Welcher Platz ist der ranghöchste in einer Sitzordnung, also der Ehrenplatz?

A: am Kopfende
B: rechts neben dem Gastgeber
C: links neben der Gastgeberin

22. Welche Aussage zum Schließen der Knöpfe Ihres Sakkos ist richtig?

A: Bei einem Zwei-Knopf-Sakko bleiben alle Knöpfe geschlossen.
B: Bei einem Einreiher ohne Krawatte kann das Sakko auch im Stehen offen bleiben.
C: Ohne Krawatte kann auch ein Zweireiher im Stehen offen getragen werden.

23. Welche Formulierung ist heute bei Einladungen zeitgemäß?

A: Wir möchten Sie herzlich einladen.
B: Wir laden Sie herzlich ein.
C: Wir dürfen Sie herzlich einladen.

24. Wodurch zeigen Sie in China, dass Ihnen das Essen geschmeckt hat und die Menge ausreichend war?

A: Sie essen den Teller komplett leer.

B: Sie legen Ihre Essstäbchen gekreuzt auf Ihren Teller oder Ihre Schale.

C: Sie lassen ein wenig vom Essen auf dem Teller zurück.

Uwe Freund: Knigge-Update – Mehr Erfolg durch Business-Etikette

Lösungen:

1 C, 2 C, 3 C, 4 B, 5 A, 6 A, 7 A, 8 C, 9 A, 10 B, 11 A, 12 A,
13 C, 14 C, 15 C, 16 A, 17 C, 18 A, 19 C, 20 A, 21 B, 22 B,
23 B, 24 C

8 Grundstrategien

Basics 1: Grüßen und Begrüßen

Grüßen Sie lieber einmal zu viel als einmal zu wenig.

Grundsätzlich gilt: dem Höheren wird der Niedrigere vorgestellt. Als "höher" gilt: der Ältere vor dem Jüngeren, der Vorgesetzte vor dem Mitarbeiter, der Gast vor dem eigenen Kollegen oder Mitarbeiter, die Dame vor dem Herrn, der Anwesende vor dem Hinzukommenden usw.

Beim Betreten des Aufzugs grüßen Sie den Ihnen unbekannten Herrn nicht? Falsch. Wer weiß, ob das nicht Ihr künftiger Chef sein wird. Ein "Guten Tag" ist kein großer Aufwand, also nehmen Sie ihn auf sich.

Basics 2: Gespräche, Smalltalk und Medien

Entwickeln und üben Sie Smalltalk-Strategien.

Smalltalk zu halten ist heute ein absoluter Erfolgsfaktor. Üben Sie, schnell und sympathisch mit anderen Menschen in Kontakt zu kommen. Testen Sie die verschiedenen Einstiegsmöglichkeiten im Smalltalk und planen Sie, welche Themen sich für Sie persönlich und für Ihr Umfeld besonders gut eignen.

Basics 3: Einladen und Besuchen

Planen Sie Einladungen gut voraus. Zeigen Sie sich als fürsorglicher, erfahrener Gastgeber.

Wenn Sie selbst Gastgeberin oder Gastgeber sind, dann geben Sie Ihren Gästen viele Signale, die für den gelungenen Abend wichtig sind. Das beginnt mit der passenden Kleidung – keiner Ihrer Gäste möchte overdressed oder underdressed sein. Selbstverständlich geben Sie zum Beispiel durch eine Empfehlung oder Ihre eigene Bestellung vor, in welchem Preisrahmen bestellt werden kann und wann zu essen begonnen wird.

Basics 4: Tischregeln beachten

Wie Sie essen, hinterlässt einen besonders starken Eindruck bei Ihrem Gegenüber.

Dabei geht es nicht darum, ob Sie Hummer, Krabben oder Austern perfekt zu sich nehmen können. Es geht um die Basics: Essen Sie mit Besteck, wann immer welches zur Verfügung steht - und wenn keine Fingerschale angeboten wird. Bei mehreren Gängen benutzen Sie das Besteck von außen nach innen und dann von oben nach unten. Sobald Sie begonnen haben zu essen, berührt das Besteck nicht mehr den Tisch: Wenn Sie das Besteck ablegen, dann mit den Spitzen zueinander oder gekreuzt auf dem Teller. Wenn Sie fertig sind, legen Sie das Besteck nebeneinander etwa auf "4 Uhr". Sitzen Sie aufrecht und behalten Sie beiden Hände auf dem Tisch - also kein Ablegen auf dem Schoß. Stehen Sie während des Essens nicht auf, sondern allenfalls zwischen den Gängen.

Die Serviette wird zur Hälfte gefaltet und liegt mit dem offenen Ende zum Körper auf dem Schoß. Die obere Hälfte kann zum Abtupfen des Mundes verwendet werden.

Beginnen Sie das Essen, wenn der Gastgeber das Besteck aufnimmt und zu essen beginnt. Das wird erst der Fall sein, wenn alle Gäste ihr essen erhalten haben.

Essen Sie so weit wie möglich geräuschlos. Das gilt auch im Umgang mit dem Besteck.

Und übrigens: Schalten Sie Ihr Mobiltelefon während des Essen entweder komplett aus oder komplett auf lautlos. Es wird bei Tisch nicht benutzt - auch nicht, um SMS zu schreiben oder E-Mails zu lesen.

Basics 6: Angemessene Kleidung

Passen Sie sich in Ihrer Kleidung soweit an, dass Sie nicht negativ wahrgenommen werden.

In jedem Unternehmen und in jedem Umfeld gibt es offizielle oder ungeschriebene Kleiderregeln. Finden Sie diese heraus und orientieren Sie sich daran. Wenn Sie Zweifel haben: Lieber einen Tick zu elegant als zu leger.

Vermeiden Sie Bekleidung mit Werbeaufdrucken, mit Slogans oder politischen, religiösen usw. Symbolen. Sie möchten ja schließlich in Außenkontakten Ihr eigenes Unternehmen repräsentieren und nicht als kostenfreie Werbefläche für andere Unternehmen und Institutionen fungieren.

Basics 6: Zeitgemäß kommunizieren

Zeigen Sie sich in der schriftlichen Kommunikation zeitgemäß und professionell.

Beachten Sie die 8 Grundregeln für zeitgemäße E-Mails und Briefe:

- Formulieren Sie höflich und freundlich,

- auf gleicher Ebene mit dem Gesprächspartner,

- klar und präzise sowie

- höflich und freundlich.

- Konzentrieren Sie sich auf das Wichtige und lassen Sie Unnötiges weg,

- formulieren Sie positiv,

- vermeiden Sie Dopplungen und

- geben Sie dem Empfänger vorausschauend alles notwendigen Informationen.

Diese Regeln gelten für E-Mails genauso wie für Briefe. Also: Korrekte Rechtschreibung, komplette Sätze, Fehlerfreiheit und übersichtliche Gliederung gelten auch heute noch als Zeichen der Wertschätzung für den Empfänger.

Basics 7: Sport und Freizeit

Auch beim Sport machen Sie mit gutem Benehmen eine gute Figur.

Nicht in allen Fitnessstudios ist das Duzen üblich – und auch bei Sauna, im Schwimmbad und bei anderen sportlichen Gelegenheiten achten Sie auf Ihren Eindruck.

Basics 8: International

"When in Rome ... "

"... do as the Romans do" heißt es im englischen Sprachraum, aber die Aussage gilt weltweit: Informieren Sie sich am besten vorab, welche Besonderheiten es in Ihrem Zielland gibt. Wenn Sie dann vor Ort sind, seien Sie aufmerksam und prüfen Sie, ob Ihr Verhalten zu den üblichen Gepflogenheiten passt.

1 Grüßen und Begrüßen

Bei der Begrüßung machen Sie den ersten und wahrscheinlich nachhaltigen Eindruck auf Ihr Gegenüber. Von der richtigen Anrede über den Blickkontakt bis zum passende Händedruck gibt es viel zu beachten.

Muss ich anklopfen, wenn ich einen Raum betrete?

Wenn Sie einen geschlossenen Raum betreten, klopfen Sie vorher kurz an, warten jedoch nicht auf ein „Herein", sondern treten direkt ein.

Auch in einem Betrieb, in dem die Bürotüren offenstehen, gehört Anklopfen zum guten Ton. Das Klopfen ist dazu gedacht, den im Raum Anwesenden zu signalisieren, dass jemand anderes Ihr Terrain betritt.

Wie ist die richtige Anrede?

Achten Sie bei der Anrede von Geschäftspartnern darauf, diese mit ihrem Namen auszusprechen. Sagen Sie nicht nur „Guten Tag", sondern „Guten Tag, Frau Müller". Wichtig ist dabei, den Namen richtig auszusprechen und korrekt zu schreiben. Ein falsch ausgesprochener oder verkehrt geschriebener Name signalisiert mangelndes Interesse und ist keine gute Voraussetzung für eine angenehme Zusammenarbeit. Wenn Sie unsicher sind, fragen Sie höflich nach. Einen schwierigen Namen können Sie sich gegebenenfalls auch buchstabieren lassen.

Guten Tag + Name

Eine Herausforderung ist manchmal ein Doppelname, der bei der Vorstellung nicht immer als solcher verstanden wird. Es wäre unhöflich, einen Doppelnamen kurzerhand abzukürzen, wenn der Gesprächspartner nicht ausdrücklich darauf hingewiesen hat.

Doppelnamen vollständig

Wenn Ihr Gegenüber einen Titel hat, verwenden Sie ihn dementsprechend. Wenn Sie den gleichen akademischen Grad besitzen, können Sie allerdings eine Ausnahme machen. So reden sich beispielsweise Doktoren untereinander nicht mit „Herr Doktor Müller" an, sondern mit ihrem Nachnamen.

Doktortitel nennen

Adelsbezeichnungen sind Namensbestandteile, deshalb gehören „von" oder „Graf" zum Familiennamen. Bei „Baron", „Graf" usw. fällt die Anrede „Herr" oder „Frau" weg. Korrekt begrüßen Sie also beispielsweise mit „Guten Tag, Herr von Burgberg" oder „Guten Tag, Graf Burgberg".

Die Inhaber öffentlicher Ämter werden mit der Amtsbezeichnung angesprochen, zum Beispiel „Herr Bürgermeister" oder „Frau Ministerin". „Professor" ist ebenfalls eine Amtsbezeichnung. Die korrekte Anrede ist „Herr Professor".

Paare mit gleichen oder unterschiedlichen Namen werden einzeln angesprochen. Grundsätzlich begrüßen Sie im privaten Rahmen oder bei Gleichrangigkeit die Dame zuerst.

Wenn es sich jedoch zum Beispiel um einen Geschäftsführer und seine Assistentin handelt, achten Sie auf die Einhaltung der Hierarchie. Richtig ist: „Sehr geehrter Herr Dr. Meier", „sehr geehrte Frau Simoni".

Was muss ich beim Händedruck beachten?

Mancher Händedruck quetscht dem Gegenüber die Hand, ein anderer fühlt sich zu leicht und schwerelos an. Ein Mittelmaß ist angebracht. Der perfekte Händedruck fällt nicht zu fest, nicht zu lose und nicht zu lange aus. Zwei bis drei Sekunden reichen völlig aus. Jemand, dessen Hand zu lange oder zu fest geschüttelt beziehungsweise gehalten wird, kann leicht verunsichert werden.

Wen begrüße ich in einer Gruppe zuerst, wenn ich hinzutrete?

Beim Vorstellen zweier Menschen, die sich noch nicht kennen, bestimmt die Hierarchie die Reihenfolge. Je formeller die Situation, desto strenger werden die Regeln des Bekanntmachens eingehalten. Rangniedrigere werden den Ranghöheren vorgestellt. Dementsprechend stellen Sie zuerst den neuen Kollegen dem Chef vor, den neuen Lehrer dem Direktor, den neuen Praktikanten dem Meister usw.

Hierarchien gibt es auch unter Ehepartnern, die bei einer Begegnung anwesend sind. Die Sekretärin stellen Sie der Frau des Chefs vor, dann umgekehrt. Kunden machen Sie mit den Mitarbeitern des eigenen Unternehmens bekannt, indem der Kunde als Erster die Namen der Anwesenden erfährt, die zum Unternehmen gehören.

Wenn es keine Hierarchien gibt, gelten die gleichen Regeln wie im privaten Bereich. Ältere Personen stellen Sie den Jüngeren vor, eine Frau einem Herren. In Ausnahmefällen können Einzelne auch der Gruppe vorgestellt werden, der Redner dem Publikum, der neue Chef den Mitarbeitern. Wenn Sie zwei Menschen miteinander bekannt machen möchten, benutzen Sie auch Titel und Funktionsbezeichnung. Beispiel: „Herr Müller, das ist Dr. Schramm, der Leiter unserer Marketing-Abteilung". Stellt man Ihnen eine Person vor, grüßen Sie diese mit Ihrem Namen. Beispiel: „Guten Tag, Frau Dr. Meier".

Vermeiden Sie unbedingt das unterwürfige „Darf ich mich vorstellen?".

In einer Situation, in der Sie sich persönlich vorstellen möchten, nehmen Sie Blickkontakt zu Ihrem Gesprächspartner auf und geben Ihren vollen Namen an: „Guten Tag, ich bin Jens Gruber". Eventuell nennen Sie noch Ihre Funktion im Unternehmen: „Ich bin der Assistent von Herrn Dr. Meier".

„Guten Tag, ich bin Vorname Nachname"

Wann muss ich aufstehen, und wann kann ich sitzen bleiben?

Der Status einer Person erhöht sich, wenn sich jemand die Mühe macht, für eine andere Person aufzustehen. Die gesellschaftliche Regel lautet: Männer stehen zur Begrüßung immer auf, bleiben aber vor jüngeren Männern oder Untergebenen sitzen.

Damen bleiben normalerweise sitzen, es sei denn, eine höherrangige und ältere Dame betritt den Raum und reicht ihnen die Hand. Emanzipierte Frauen erweisen jeder Person, die auf sie zukommt, die Ehre, aufzustehen. Gleichzeitig befinden sie sich auf der gleichen Höhe mit ihrem Gegenüber.

Bitte beachten Sie, immer rechtzeitig aufzustehen, wenn sich Ihnen eine Person nähert, die Sie begrüßen möchten. So vermeiden Sie den Eindruck von Hast oder Unterwürfigkeit. Das Gleiche gilt auch für die Verabschiedung.

Grüße ich, wenn ich einen Aufzug betrete?

Im Aufzug
grüßen

Ja. Beim Ein- und Aussteigen in den Fahrstuhl lockern ein freundliches Grüßen und ein Blickkontakt die Situation auf, und Sie wirken souverän. Auch beim Verlassen des Aufzugs sagen Sie „Auf Wiedersehen".

Wie überreiche ich meine Visitenkarte richtig?

Achten Sie immer darauf, dass Ihre Visitenkarte sauber und unbenutzt ist. Sie ist Ihr Aushängeschild. Bewahren Sie Ihre Visitenkarten am besten in einem entsprechenden Etui auf. Das Verwahren im Portemonnaie führt meist dazu, dass die Karten zerknickt werden. Üblicherweise übergibt der Gast dem Gastgeber bei der Begrüßung seine Visitenkarte. Falls das nicht bereits bei der Begrüßung passiert, warten Sie bis zur Verabschiedung.

Dem
Ranghöchsten
zuerst die Karte
geben

Eine wichtige Rolle bei der Übergabe spielt die Hierarchie. Dem Ranghöchsten geben Sie zuerst die Visitenkarte und verteilen dann in der Reihenfolge weiter. Wenn die Rangfolge nicht eindeutig ist, beginnen Sie mit der Person an Ihrer Seite und verteilen die Karten der Reihe nach.

Bei mehreren Personen achten Sie darauf, dass jeder eine Karte erhält und sich niemand vernachlässigt fühlt. Übergeben Sie Ihre Karte so, dass der Empfänger sie sofort lesen kann und sie nicht umdrehen muss. Fremde Visitenkarten behandeln Sie so respektvoll wie die Person selbst. Nehmen Sie sich einen Moment Zeit, die Karte zu lesen. Ein direktes Wegstecken ist unhöflich und zeigt Desinteresse.

Karte am Tisch
sichtbar lassen

Legen Sie die Karte neben sich auf den Tisch, so dass Sie diese im Blickfeld haben. Am Ende der Besprechung stecken Sie die Karte ein, zum Beispiel im eigenen Visitenkartenetui. Behandeln Sie fremde Visitenkarten respektvoll: Machen Sie darauf keine Notizen, vor allem nicht, wenn Ihr Geschäftspartner anwesend ist und zuschaut. Auf Ihrer eigenen Visitenkarte können Sie notfalls wichtige Informationen handschriftlich ergänzen, beispielsweise Ihre private Mobilfunknummer oder Ihre private Adresse.

Wie grüße ich korrekt, wenn ich zu einer Gruppe hinzukomme?

Sobald Sie einen Raum betreten oder sich als Gast zu einer Gruppe gesellen, grüßen Sie die Anwesenden. Besteht keine Hierarchie, grüßt derjenige, der die andere Person zuerst gesehen hat. Als Rangniedrigerer grüßen Sie Ihren Vorgesetzten zuerst verbal und warten Sie bis er Ihnen seine Hand reicht. Antworten Sie auf seinen Gruß möglichst mit dem gleichen Worten.

Der Hinzukommende grüßt zuerst

Gehören Sie zu den Gastgebern bzw. bereits Anwesenden, grüßen Sie und strecken die Hand aus. Die Reihenfolge ist ein Hinweis auf die Wertigkeit, die Sie Ihren Gästen beimessen. Korrekt grüßen Sie einen Vorgesetzten vor seinen Mitarbeitern, Gäste vor Kollegen, bekannte Personen vor denen, welchen Sie sich vorstellen müssen, eine ältere Person vor einer jüngeren und eine Dame vor einem Herrn. Lassen Sie sich dabei Zeit. Ihre Gelassenheit erhöht Ihren Status und gibt Gästen die Gelegenheit, Sie einzuschätzen. Weisen Sie eine ausgestreckte Hand niemals zurück, auch wenn es protokollarisch nicht korrekt ist.

Wie verabschiede ich mich korrekt?

Wenn Sie sich verabschieden, kommen erst der Vorgesetzte und dann Ihre Kollegen an die Reihe. Bei kleinen Kreisen ist eine Verabschiedung mit Händedruck möglich, in größeren Kreisen reicht es aus, wenn Sie sich vom Chef und wichtigen Gästen mit Händedruck verabschieden. Verabschieden Sie sich mit den Worten „Auf Wiedersehen" zum Abschied. Andere, zum Beispiel fremdsprachliche Wendungen wie „Bye" oder „Ciao" können Sie nur dann benutzen, wenn Sie den Geschäftspartner sehr gut kennen.

„Auf Wiedersehen"

Müssen Sie früher gehen, dann informieren Sie Ihren Gastgeber rechtzeitig darüber und verabschieden Sie sich nur kurz. So vermeiden Sie die Störung einer Besprechung oder einer Feier. Bedanken Sie sich zum Abschluss stets für die Einladung, die Informationen, das gute Essen oder andere Details.

Wenn Sie der Gastgeber sind, begleiten Sie Ihren Gast zum Ausgang. Je höher die Position des Gastes, desto weiter der Weg. Es ist durchaus üblich, einen Gast bis zur Bürotür, bis zum Aufzug oder sogar bis zum Parkplatz zu begleiten.

Bei privaten Einladungen begleiten Sie alle Ihre Gäste bis zur Haustür.

Von den Gastgebern verabschieden Sie sich, sofern Sie ihn nicht extra aus einer Unterhaltung reißen müssen. Ansonsten bedanken Sie sich am nächsten Tag mit einem Anruf.

Gilt heute immer noch in allen Bereichen „Ladies first"?

Bei privaten Treffen gelten die Faustregeln „Ladies first" und „Alter vor Jugend". Zuerst werden die Damen, dann die Herren begrüßt. Mit welcher Dame Sie anfangen ist unerheblich, solange keine Generationen dazwischen liegen. Dann begrüßen Sie die ältere Dame zuerst. Ausnahmen machen Sie bei Personen, die zum Beispiel ihren Geburtstag oder ihr Jubiläum feiern. Diese begrüßen Sie – unabhängig vom Geschlecht – zuerst.

Eine andere Regelung ist bei geschäftlichen Treffen vorgesehen. Hier richtet sich die Begrüßungsfolge nach der Hierarchie: „der Chef/die Chefin zuerst". Es folgen Abteilungsleiter bzw. Abteilungsleiterin, Assistent bzw. Assistentin und schließlich die Sekretärin. Wenn mehrere Personen mit gleichem Rang am Geschäftstreffen teilnehmen, gilt auch hier wieder: „Ladies first".

2 Gespräche, Smalltalk und Medien

Smalltalk ist das perfekte Mittel, Beziehungen zu anderen Menschen aufzubauen und Vorurteile abzubauen. Die Fähigkeit zu Smalltalk ermöglicht privates wie berufliches Networking.

Wie verhalte ich mich bei einem Bewerbungsgespräch?

Bei Bewerbungsgesprächen kommt es auf gutes Benehmen an. Warten Sie ab, bis der Firmenvertreter Sie bittet, den Raum zu betreten. Reicht er Ihnen die Hand, erwidern Sie den Gruß mit einem Händedruck. Bei der Begrüßung nennen Sie nochmals Ihren Namen, falls Sie mit Ihren Namen nicht angesprochen wurden.

Namen nennen

Normalerweise wird Ihnen der Einladende einen Sitzplatz anbieten, indem er mit der Hand auf den Stuhl deutet. Falls nicht nur einer, sondern mehrere Stühle dort stehen, wählen Sie den Sitzplatz, der dem Stuhl des Gesprächspartners gegenüber steht. Wenn Sie vor mehreren Firmenvertretern sitzen, wählen Sie einen Platz in der Mitte. Nehmen Sie keinesfalls unaufgefordert Platz.

Sitzplatz anbieten lassen

Das Gespräch eröffnet und führt zuerst der Unternehmensmitarbeiter. Wenn Sie ein Gespräch mit zwei Personen führen, es ist wichtig, dass Sie beide Personen ansehen. Binden Sie auch die dritte Person mit ein, sonst wirken Sie wenig souverän. Versuchen Sie, konstant Blickkontakt zu halten.

Blickkontakt halten

Aufmerksamkeit und Interesse signalisieren Sie mit der richtigen Körperhaltung. Sitzen Sie aufrecht und hören Sie aufmerksam zu. Hören Sie aktiv zu, stellen Sie gelegentlich Fragen und fallen Sie Ihrem Gesprächspartner nicht ins Wort.

Fragen stellen

Grundsätzlich dürfen Sie als Bewerber alle Fragen stellen, die Sie interessieren, wenn sie höflich formuliert und nicht indiskret sind. Fragen nach den üblichen Arbeitszeiten, Urlaubstagen oder Betriebsferien können Sie stellen. Manche Fragen können jedoch Unverständnis auslösen, wenn Sie sich zum Beispiel erkundigen würden, wie Sie sich verhalten sollten, wenn Sie krank sind.

Fragen Sie nach der wirtschaftlichen Situation des Unternehmens nur, wenn Sie sich um eine Führungsposition bewerben. Einen guten Eindruck als Bewerber hinterlassen Sie, wenn Sie in der Stellenanzeige geforderten Fähigkeiten, Kenntnisse und Persönlichkeitsmerkmale mit Beispielen oder Referenzen belegen.

Bevor Sie in das Bewerbungsgespräch gehen, definieren Sie für sich am besten ein Gehaltsminimum, für das Sie die Stelle antreten würden. Diese Untergrenze bringen Sie ins Spiel, wenn sich die Verhandlungen schwierig gestalten.

Normalerweise werden Bewerber am Ende des Gesprächs gefragt, ob sie zusätzliche Auskünfte benötigen. Machen Sie vor dem Gespräch auf jeden Fall eine Liste mit Themen, die Sie bei dieser Gelegenheit ansprechen möchten.

Am Ende des Gesprächs teilen Sie Ihr großes Interesse an der Arbeitsstelle mit. Fragen Sie, bis wann Sie mit einer Entscheidung rechnen können. Erfolgt wochenlang keine Reaktion auf die Bewerbung seitens der Firma, rufen Sie an. Die Firma erkennt so, dass Sie als Bewerber ernsthaft an der Stelle interessiert sind.

Was ist eigentlich Smalltalk?

Der Begriff kommt aus dem Englischen und steht für höfliche, lockere Unterhaltung. Er spielt aber eine Schlüsselrolle in der Kommunikation. Auch wenn der Anlass Ihres Treffens geschäftlicher Natur ist, findet sich nach der Begrüßung Zeit für einen kurzen Smalltalk. Er lockert die Atmosphäre und vertreibt eventuelle Nervosität und Spannungen.

Smalltalk hat auch andere wichtige Funktionen, beispielsweise die Kontaktanbahnung und Kontaktpflege bei Geschäftsessen, Vorstellungsgesprächen oder Vertragsverhandlungen. Dabei bekommen Sie die Gelegenheit, auf leichte und angenehme Art Gemeinsamkeiten zu finden und Ihrem Gegenüber Sympathie zu zeigen, was für die zwischenmenschliche Ebene eine große Rolle spielt. Auch wenn es keine Gemeinsamkeiten gibt, dient der Smalltalk als sicheres „Rückzugsgebiet" und überbrückt Wartezeiten.

Übliche Themen in Deutschland sind das Wetter, Urlaub, Hobbys, Sport, Kunst, Literatur, kulturelle Veranstaltungen oder positive Erlebnisse.

Themen
vorbereiten

Hören Sie Ihrem Gesprächspartner aufmerksam zu und halten Sie freundlichen Blickkontakt. Wählen Sie unverfängliche Gesprächsthemen und sprechen Sie nicht über Dinge, die Sie meiden möchten. Passen Sie Ihr Gesprächstempo an und vermeiden Sie Verallgemeinerungen. Dadurch können sich andere schnell vor den Kopf gestoßen fühlen.

Versuchen Sie nicht, dem Anderen persönliche Informationen oder Geheimnisse zu entlocken. Verzichten Sie auf Klatsch und Tratsch, vor allem, wenn er negativ ist. Wer schlecht über andere spricht, dem traut man weniger.

Auch im Büro ist Smalltalk oft eine Kunst, die das Betriebsklima verbessert, den Stress reduziert und ein gutes Verhältnis zu den Kollegen aufbaut.

Wo und wie darf ich mein Mobiltelefon benutzen?

Bei Besprechungen, auf Seminaren, Vorträgen oder Kongressen werden klingende Telefone als sehr störend empfunden. Schalten Sie das Telefon aus. Falls Sie unbedingt erreichbar sein müssen, stellen Sie es auf lautlos und verlassen Sie den Raum, wenn Sie unbedingt doch einmal telefonieren müssen.

Telefon lautlos
stellen

Das gleiche gilt auch, wenn Sie zum Essen verabredet sind. Sobald Sie ein Gespräch erhalten, gehen Sie in eine besucherfreie Ecke oder einfach kurz vor die Tür. Telefonieren im Restaurant ist unhöflich.

Absolute Tabuzonen für Mobiltelefone sind Krankenhäuser, Kinos, Theater und Flugzeuge. Auch an Tankstellen gilt ein Handy-Verbot. Am Steuer Ihres Autos ist Telefonieren ebenfalls unangebracht, es sei denn über eine Freisprechanlage. Wo auch immer Sie in der Öffentlichkeit mit telefonieren, sprechen Sie leise und versuchen Sie, das Telefonat kurz zu halten.

Vermeiden Sie, während eines Besuchs oder Gesprächs SMS zu tippen. Es ist unhöflich und zeigt, dass Ihnen gerade etwas anderes wichtiger ist als Ihr Gegenüber.

Wählen Sie für Ihr Mobiltelefon einen unauffälligen Klingelton, und übermitteln Sie Ihre Telefonnummer beim Anruf. Dies wirkt seriös und professionell. Mit unterdrückter Nummer anzurufen ist unhöflich.

Worauf muss ich bei E-Mails achten?

Anrede
unbedingt
notwendig

Erstellen Sie sich eine entsprechende Signatur mit Gruß und Ihren Namen oder Ihrer Unterschrift am Schluss. Ihre Betreffzeile muss aussagekräftig sein. Eine fehlende Anrede wird als unhöflich aufgefasst. Benutzen Sie Klein- und Großschreibung, denn der Text ist dann leichter lesbar.

Vermeiden Sie Rechtschreibfehler, denn sie irritieren Ihren Leser. Benutzen Sie keine unüblichen Abkürzungen und nutzen Sie eine Weiterleitung oder die automatische Antwortfunktion, wenn Sie länger abwesend sind. Denken Sie dabei an den Gruß und bedanken Sie sich.

Nehmen Sie sich die Zeit, Ihre Grüße auszuschreiben. Vermeiden Sie Abkürzungen wie „MfG". Ihr Leser könnte meinen, Sie nehmen sich nicht die Zeit, ihm Grüße zu schicken.

Darf ich am Arbeitsplatz Nachrichten und SMS empfangen oder senden?

Kurznachrichten dürfen Sie während der Arbeit oder unterwegs lautlos empfangen, vermeiden Sie aber, dass Ihre Kollegen das mitbekommen. Ziehen Sie nie während eines Gesprächs Ihr Handy aus der Tasche, um eine SMS zu lesen. Das wirkt sehr unhöflich. Wenn Sie auf eine dringende Nachricht warten, entschuldigen Sie sich kurz bei Ihrem Gesprächspartner mit dem Hinweis auf eine dringende Angelegenheit.

Verzichten Sie darauf, im Restaurant, bei Konferenzen, im Theater, im Kino oder im Konzert Kurznachrichten zu schreiben. Am besten schalten Sie an diesen Orten Ihr Mobiltelefon aus. Falls Sie in geschlossenen Räumen eine Nachricht schreiben möchten, passen Sie auf, dass der Tastenton ausgeschaltet ist. Die ständigen Signaltöne können andere Menschen schnell irritieren oder verärgern.

Wie gehe ich mit Social Media richtig um?

Xing, LinkedIn oder Facebook bieten eine gute Gelegenheit, sich privat und geschäftlich im Internet zu präsentieren. Außerdem sind sie hervorragend geeignet, um mit Freunden aus der ganzen Welt den Kontakt zu pflegen und schnell zu kommunizieren.

Wenn Sie Ihre Firma in sozialen Medien positionieren, bedenken Sie, dass dies nicht der Werbung Ihrer Produkte dient, sondern dem Social Networking. Auf diese Weise pflegen und halten Sie Kontakte. Statusmeldungen sind nicht dazu gedacht, Werbebotschaften zu verkünden.

Keine Werbung im privaten Profil

Wenn Sie etwas über Ihre Produkte oder über Ihre Firma mitteilen möchten, achten Sie auf die richtige Dosierung. Sie können sonst von Ihren Kontakten geblockt werden, und Ihre Nachrichten werden nicht mehr gelesen. Diese Gefahr droht auch, wenn Sie Ihre Kontakte ungeniert zu allen möglichen Spielen einladen, zahlreiche Statusupdates auf einmal veröffentlichen oder ungefragt Werbung verschicken.

Vermeiden Sie es auch, Ihre Kontakte auf Bildern und Videos zu markieren, damit sie neugierig nachschauen, oder ungefragt andere zu Gruppen hinzuzufügen.

Wie kommuniziere ich am Telefon und in E-Mails und Briefen richtig?

Tagesgruß, Firma, Name, Frage

Machen Sie es Ihrem Gesprächspartner am Telefon leicht, Sie sympathisch zu finden: Melden Sie sich so, dass der Anrufer den Tagesgruß, den Firmennamen sowie Ihren eigenen Namen komplett verstehen kann, zum Beispiel: „Guten Morgen, ABC GmbH, Sie sprechen mit Hans Mustername. Was kann ich für Sie tun?" Lächeln Sie ruhig dabei, und sprechen Sie klar und betont.

Wenn Sie das „Was kann ich für Sie tun?" nicht höflich und freundlich herausbringen, lassen Sie es weg und bleiben stattdessen mit der Stimme oben. Damit signalisieren Sie dem Gegenüber, der er bzw. sie nun sprechen soll.

Briefe, E-Mails und Faxe werden nur dann sympathisch empfunden, wenn Sie korrekt und zeitgemäß schreiben. Korrekt bedeutet vor allem auch, dass Sie Groß- und Kleinschreibung, die deutsche Rechtschreibung und die Kommasetzung entsprechend der Regeln beherrschen und benutzen.

Selbst E-Mails an Kollegen, mit denen Sie einen lockeren Kontakt pflegen, können leicht und jederzeit an andere, auch Externe, weitergeleitet werden.

Wie viel Networking kann ich über soziale Netze wie Facebook, Xing oder Google+ betreiben?

Arbeitgebern googlen auch!

Networking ist wichtig. Achten Sie aber genau darauf, was online von Ihnen zu sehen ist. Bilder und Informationen, die einmal in Facebook, YouTube, Xing usw., aber auch in Chats oder Datingsystemen veröffentlicht und über Google oder Bing ermittelbar sind, lassen sich kaum wieder entfernen. Vergessen Sie nicht, dass viele Arbeitgeber, aber auch private Kontakte im Internet nach Informationen suchen.

Wünsche ich noch „Gesundheit", wenn jemand vor den Anwesenden niest?

Kleine Störungen wie Niesen werden heute im Gegensatz zu früher galant ignoriert und nicht mit dem Wunsch „Gesundheit" betont. Sind Sie allerdings mit konservativen oder älteren Personen zusammen, ist es möglich, „Gesundheit" zu sagen.

Niesen ignorieren

Wenn Sie selbst mitten in einem Gespräch niesen, husten usw., dann ist es angemessen, kurz um Verzeihung für die Störung zu bitten. In größeren Runden unterlassen Sie dies, um nicht weiter zu stören.

Werden Sie von Niesreiz oder Hustenattacken heimgesucht, sollten Sie immer ein Taschentuch parat haben und sich beim Schnäuzen vom Rest der Gruppe abwenden. Halten Sie die linke Hand dezent vor Nase und Mund und vermeiden Sie es, die rechte Hand zu benutzen. Diese strecken Sie schließlich anderen Menschen zum Gruß entgegen.

Taschentuch bereithalten

Wie reagiere ich auf Missgeschicke?

Peinliche Situationen passieren immer in den unpassendsten Augenblicken. Zum Beispiel, wenn der Kollege nach dem Essen ein grünes Blatt zwischen den Zähnen trägt, eine Krawatte schief sitzt, während einer Präsentation der Reißverschluss offen steht, oder Sie beim Geschäftsessen hörbar aufstoßen müssen.

Was unter Freunden mit Humor quittiert wird, kann am Arbeitsplatz unangenehm werden. Wenn Sie von anderen darauf hingewiesen werden, entschuldigen Sie sich kurz, bleiben Sie ruhig und fahren Sie weiter im Programm fort.

Die Regel lautet: so wenig Aufmerksamkeit wie möglich auf sich und den peinlichen Zwischenfall lenken. Wenn Sie jedoch anderen schädigen, indem Sie beispielsweise Flüssigkeit auf der Kleidung Ihres Gegenübers verschütten, können Sie sich als Entschädigung eine kleine Wiedergutmachung überlegen.

Wenig oder keine Aufmerksamkeit auf Missgeschicke lenken

Kann ich andere Menschen auf Missgeschicke hinweisen?

Freundlich und rechtzeitig hinweisen

Das persönliche Verhältnis ist hier ausschlaggebend. Wenn es sich um einen Kollegen handelt, können Sie ihn freundlich darauf hinweisen, wenn ein hässlicher Fleck am Kragen zu sehen ist, oder die Strumpfhose eine Laufmasche hat. Die meisten Menschen sind dankbar für diesen Hinweis, wenn er diskret gemacht wird.

Wenn es sich um einen Kunden oder einen höheren Vorgesetzten handelt, übersehen Sie aus Höflichkeit die Peinlichkeit, auch wenn es unangenehm ist.

Wie pünktlich muss ich sein?

Um Entschuldigung bitten

Sie müssen immer darauf achten, pünktlich zu sein. Respektieren Sie die Zeit anderer, als sei es Ihre eigene. Wenn Sie sich verspäten, bitten Sie um Entschuldigung für Ihre Unpünktlichkeit.

Keine Ausreden

Ausreden wie Stau brauchen Sie gar nicht zu erwähnen. Wenn Sie in einem Restaurant eingeladen sind, kommen Sie auf die Minute genau. Im Falle einer privaten Einladung Zuhause kommen Sie etwa fünf Minuten nach der angegebenen Zeit.

Uwe Freund: Knigge-Update – Mehr Erfolg durch Business-Etikette

3 Einladen und Besuchen

Uwe Freund: Knigge-Update – Mehr Erfolg durch Business-Etikette

Auch wenn es aus der Mode gekommen zu sein scheint: Ein Gastgeschenk zählt auch heute noch zum guten Ton. Und wenn Sie selbst
einladen, dann muss natürlich auch alles passen: vom perfekt gedeckten Tisch bis zum perfekten Essen.

Wie decke ich einen Tisch perfekt ein?

Neben dem Platzteller, der nach dem Hauptgang abgeräumt wird, steht der kleine Brotteller mit einem Brotmesser. Gabeln liegen links neben dem Teller, Messer und Suppenlöffel rechts vom Teller. Weiteres Besteck kommt mit dem Essen
oder wird nachgelegt. Das Obstmesser oder das Dessertbesteck liegt oben in
Greifrichtung. Rechts werden Salat- und Vorspeisengabeln eingedeckt, die meistens etwas kürzer sind.

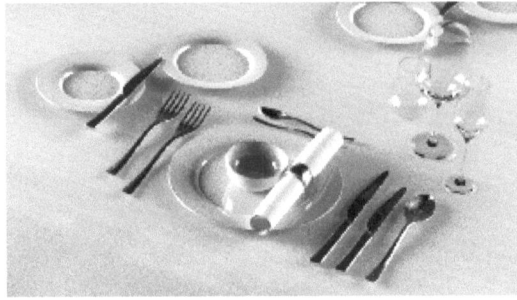

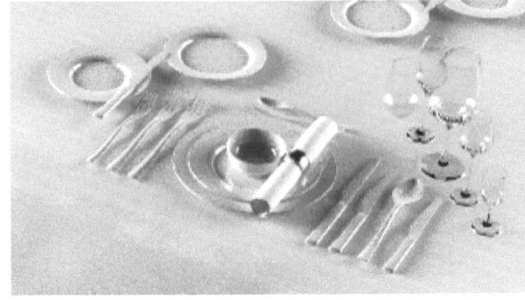

Oberhalb der Messer werden die Gläser aufgestellt, in der Reihenfolge der Benutzung von rechts nach links angeordnet. Ganz rechts steht das Wasserglas, links ein Glas für Weißwein, dann ein Glas für Rotwein und schließlich das Glas zum Dessert, für Dessertwein, Sekt, Champagner usw. Gläser und Besteck werden immer von außen nach innen genommen, falls nicht für jeden Gang extra eingedeckt wird. Gefaltete oder gerollte Servietten werden auf den Teller oder auf den Brotteller gelegt.

Sie können die Tischdekoration mit Blumen und Kerzen vervollständigen. Der Blick auf das Gegenüber sollte dadurch aber nicht verdeckt werden.

Selbstverständlich decken Sie nur in dem Umfang ein, in dem Geschirr und Besteck auch tatsächlich für die Mahlzeit benötigt werden. Wenn sie nur aus einer Suppe und einem Pasta-Gericht besteht, benötigen Sie nur den Suppenlöffel, die Gabel sowie ein Glas.

Wie beschrifte ich Einladungen korrekt?

Traditionell: erst
der Herr und
dann die Dame

Der Vorname und der Nachname Ihres Gasts erscheinen auf traditionellen Einladungskarten und auf Tischkarten, und zwar handschriftlich. Auf dem Briefumschlag steht bei Paaren zuerst der Name des Herren, dann der Dame, unabhängig davon, welche berufliche Position sie haben. Zum Beispiel: „Herr Stephan Meier und Frau Sabine Sonntag". Häufig wird heute allerdings in moderner orientierten Kontexten auch die Dame zuerst genannt.

Gestalten Sie den Text der Einladung persönlich oder formell. Im ersten Fall benutzen Sie eine persönliche Formulierung wie: „Liebe Sabine, lieber Stephan, am Sonntag, dem (Datum, Uhrzeit), lade ich euch zu meiner Geburtstagsfeier in den Gasthof (Name) ein."

Bei formellen Einladungen schreiben Sie in der dritten Form. Zum Beispiel: „Hans Mustername bittet Herrn und Frau Meier zur Geburtstagsfeier am Sonntag, dem (Datum, Uhrzeit), im Gasthof (Name). Um Antwort wird gebeten." Auf den Tischkarten erscheinen die Vor- und Nachnamen der Gäste, falls sich einige Gäste untereinander noch nicht kennen.

Wann schenke ich Blumen?

Blumen eignen sich zu fast allen Anlässen. Ein kleiner Strauß als Dank, mit der Bitte um Entschuldigung oder einfach, um eine Freude zu bereiten. Als Gastgeschenke sind Blumen immer gern gesehen. Vor dem Überreichen entfernen Sie das Papier. Topfpflanzen bleiben verpackt und eignen sich nur für Firmenanlässe oder für Personen, die zum Beispiel Orchideen oder Azaleen sammeln.

Zu einer Einladung in einem Restaurant sind sie für den Gastgeber eher hinderlich. Lassen Sie die Blumen dann vor oder nach der Einladung nach Hause oder ins Büro zustellen.

Über Farben und Sorten gibt es unterschiedlichen Meinungen. Vorsicht ist bei weißen Blumen und Sträußen geboten, vor allem als Präsent für ältere Menschen und Kranke. Sie gelten heute noch bei vielen Leuten als Friedhofsblumen. In dieser Situation könnte ein weißes Gebinde als schlechtes Omen empfunden werden.

Je vertrauter die Person, desto freier die Auswahl der Blumen. Bei wenig vertrauten Personen ist man mit einem bunten Strauß auf der sicheren Seite. Zum Blumenstrauß bei offiziellen Feiern gehört eine Karte mit einem persönlichen Grußtext.

Roten Rosen sind ein starker Sympathiebeweis und im Geschäftskontext nicht geeignet.

Blumen werden ohne Papier überreicht

Keine weißen Sträuße

Vorsicht bei roten Rosen

Wann mache ich ein Geschenk?

Im beruflichen Umfeld finden sich die häufigsten Anlässe für Gastgeschenke im Rahmen von Einladungen zum Essen, Events und Konferenzen. Ein Gastgeschenk ist ein Geschenk, das Sie als Gast mitbringen. Es kann auch vom Gastgeber kommen, der es als Erinnerung an die Gäste überreicht.

Bei der Auswahl eines Geschenks spielen die Beziehung zum Beschenkten, die Position und die persönlichen Interessen eine Rolle. Die Geschenke dürfen nicht zu auffällig ausfallen. Sie müssen sie auch nicht persönlich überreichen. Sie können zum Beispiel als Gastgeber bei einem Event über Nacht die Präsente mit einem persönlichen Gruß ins Hotelzimmer legen lassen.

Geschenke immer ohne Werbung

Geschenke mit regionalem Bezug sind immer willkommen und angemessen, wie zum Beispiel ein Bildband aus der Region. Verzichten Sie auf Geschenke mit Werbeaufdruck oder andere billig wirkende Artikel.

4 Essen und Trinken

Aus der Art, wie ein Mensch isst und trinkt, werden schon viele Rückschlüsse auf die Persönlichkeit getroffen. Die Etikette beim Essen gilt auch im Alltäglichen als Gradmesser für Bildung und sozialen Status.

Wie halte ich ein Weinglas richtig?

Halten Sie das Weinglas stets mit Daumen, Zeige- und Mittelfinger direkt am Stiel, nicht am Kelch. Dies ist nur in Großbritannien sowie bei Cognacschwenkern gebräuchlich.

Was mache ich nach dem Umrühren mit dem Kaffee- oder Teelöffel?

Streifen Sie den Kaffee- und Teelöffel am Tassenrand ab, und legen Sie ihn dann auf die Untertasse. Der Löffel wird niemals zum Mund geführt und auch nicht in der Tasse belassen. Er dient ausschließlich zum Umrühren.

Wie esse ich Austern richtig?

Austern werden im Restaurant bereits aufgebrochen serviert. Sie müssen sich hier um nichts mehr kümmern.

Entweder Sie nehmen die Auster mit der Gabel aus der Schale und trinken das Austernwasser hinterher, oder Sie schlürfen sie. Schlürfen ist hierbei ausnahmsweise erlaubt, aber selbstverständlich leise. Führen Sie die Auster mit ihrer Flüssigkeit direkt aus der Schalenhälfte in den Mund.

Weinglas am Stil halten

Kaffeelöffel und Teelöffel niemals zum Mund

Auster mit Austerngabel essen

Wie esse ich belegte Brötchen richtig?

Belegte Brötchen aus der Hand essen

Belegte Brötchen essen Sie aus der Hand. Überladen Sie Ihren Teller nicht, und versuchen Sie nicht, die Brötchen mit Messer und Gabel zu schneiden.

Wann kann ich Brot und Butter essen?

Brot stückweise brechen

Brot können Sie zum Aperitif oder zur Vorspeise essen. Dabei nehmen Sie ein Stück aus dem Brotkorb und legen es auf Ihren Brotteller, daneben ein Stück Butter. Sie brechen nach und nach kleine Stücke ab, die Sie mit Butter bestreichen. Brot, das Sie angefasst haben, legen Sie niemals in den Brotkorb zurück.

Wie erkenne ich Fingerfood?

Mit den Fingern essen, wenn Möglichkeit zur Reinigung der Hände

Fingerfood ist die Bezeichnung für Speisen, die mit bloßen Fingern gegessen werden. Dazu zählen zum Beispiel Kanapees, Hähnchenschenkel, bestimmte Tapas und andere Speisen, die meistens auf einem Tablett serviert werden. Ob Sie am Tisch Ihre Finger einsetzen dürfen, erkennen Sie daran, ob Reinigungsmöglichkeiten bereitgestellt werden. Eine Fingerschale mit Wasser oder Tüchern kann sich neben dem Teller befinden.

Das gleiche gilt auch für gegrillte Scampi. Ist keine Fingerschale vorhanden, essen Sie die Scampi mit Messer und Gabel.

Wie esse ich Fisch richtig?

Fisch essen Sie immer mit dem Fischbesteck. Eine Ausnahme bilden Räucherfisch und roher Fisch, die mit Messer und Gabel gegessen werden. Versuchen Sie nicht, die Gräten umständlich heraus zu ziehen. Stattdessen können Sie die Servicefachkraft bitten, den Fisch zu filetieren.

48

Wie esse ich Garnelen richtig?

Wenn Sie die Garnelen im Panzer serviert bekommen, setzen Sie Messer und Gabel ein, um das Tier zu schälen. Als Erstes wird der Kopf mit einem Messerschnitt vom Körper getrennt. Halten Sie den Körper mit der Gabel fest, und gleiten Sie mit dem Messer an der Bauchseite unterhalb des Panzers. Am besten setzen Sie dort an, wo sich der Kopf befand. So können Sie den Panzer ganz elegant vom Fleisch lösen. Schneiden Sie den letzten Teil vom Schwanz einfach ab, und lassen Sie die Schwanzflosse und ihren Inhalt liegen.

Garnelen und Scampi können Sie oft auch direkt ausgelöst bestellen.

Wie esse ich Hummer richtig?

Hummer und Langusten werden meist aufgeschnitten serviert und mit Messer und Gabel gegessen. Das Fleisch von Schere und Beinen ziehen Sie mit der Hummergabel heraus. Essen Sie nicht mit den Fingern, wenn keine Fingerschälchen am Tisch stehen und keine feuchten Tücher bereitliegen.

Wie esse ich Kartoffeln richtig?

Kartoffeln werden nicht mit dem Messer geschnitten, sondern mit der Kante der Gabel zerteilt bzw. zerdrückt. Sie werden auf keinen Fall mit der kompletten Gabelfläche zerquetscht.

Kartoffeln mit Gabelkante teilen

Wie esse ich Kaviar richtig?

Stilecht wird Kaviar mit einem kleinen Perlmuttlöffel gegessen. Nehmen Sie den Kaviar mit dem Löffel auf und legen Sie ihn auf ein mundgerechtes Stück Baguette oder Toast.

Wie esse ich Obst richtig?

- **Bananen:** Der Stiel wird umgeknickt und die Banane bis zur Hälfte abge-schält. Wenn das freigelegte Stück gegessen ist, schält man weiter und ver-zehrt den Rest. Bananen können Sie auch mit Messer und Gabel essen. Dazu den Stiel und das Ende mit dem Messer abschneiden, die Schale an der obersten Seite einschneiden, und die Banane stückchenweise mit Messer und Gabel essen.

- **Birnen:** Da das Obst sehr saftig ist, benutzt man zum Verzehr Obstmesser und Gabel.

- **Mandarinen:** Mandarinen schälen Sie mit den Fingern und essen sie Stück für Stück.

- **Orangen:** Ritzen Sie die Frucht am oberen Ende um den Stängelansatz an und nehmen Sie den Deckel ab, ritzen Sie die Schale mehrmals mit dem Obstmesser länglich an und entfernen Sie die Schale. Dann teilen Sie die Frucht und essen die Stücke mit den Fingern vom Obstteller.

- **Pfirsiche:** Das Obst wird immer mit Obstgabel und -messer geschält und ge-gessen.

- **Pflaumen:** Pflaumen brechen Sie mit den Fingern in der Mitte und entfernen den Kern. Das Fruchtfleisch essen Sie mit der Hand.

- **Weintrauben:** Brechen Sie einen kleinen Ast ab, zupfen Sie dann die Trauben von der Rispe und essen Sie diese mit der Hand.

Wie esse ich Pastete richtig?

Pastete wird niemals mit dem Messer geschnitten, sondern nur mit der Gabel aufgerollt und gegessen. Weniger Geschickte benutzen zusätzlich einen Löffel zum Aufschaufeln.

Wie esse ich Spaghetti richtig?

Die Gabel wird in der Mitte der Spaghetti angesetzt und langsam gedreht, damit sich die Nudeln aufrollen. Dann führt man die Gabel mit den aufgerollten Spaghetti zum Mund.

Es ist einfacher, wenn Sie nur vier bis fünf Spaghetti mit den Zinken aufnehmen und sie am Tellerrand auf die Gabel wickeln. Drehen Sie solange, bis keine Spaghetti mehr herabhängen.

Weniger versierte Spaghettigenießer können dazu auch einen Löffel benutzen. Nudeln werden niemals geschnitten.

Spaghetti stilecht nur mit Gabel

Wie esse ich Spargel richtig?

Spargel wird mit der Spitze nach links auf dem Teller serviert. Man zerteilt ihn mit dem Messer. Setzen Sie beim Verzehr an der Spargelspitze an.

Spargel mit dem Messer teilen

Darf ich Suppe auch trinken?

Wenn die Suppentasse Henkel hat, darf der letzte Rest ausgetrunken werden. Sie halten die Tasse dann nur mit einer Hand. Bei einem Suppenteller können Sie diesen zum Schluss dezent schräg stellen, um den Rest auszulöffeln. Aus praktischen Gründen neigen Sie den Teller vom Körper weg.

Suppe nur trinken, wenn Suppentasse Henkel hat

Darf ich mit Wein oder Sekt anstoßen?

Das Anstoßen mit Getränken ist dem privaten Bereich vorbehalten. Bei geschäftlichen Anlässen ist dies nicht üblich.

Anstoßen nur im privaten Rahmen

Darf ich im Restaurant vom Teller meines Partners oder meiner Partnerin essen?

Kein Tellerpicken

Das so genannte *Tellerpicken* oder *Pic Assiette* ist dem privaten Bereich vorbehalten. Im Restaurant essen Sie ausschließlich von Ihrem eigenen Teller.

Woran erkenne ich ein wirklich gutes Restaurant?

Schon der Speiseaushang am Eingang kann Ihnen einiges über das Lokal verraten. Hauptkriterium ist die Hygiene. Inspizieren Sie das Innere des Restaurants. Gute Restaurants sind meist auch gut besucht. Schauen Sie, wie viele Gäste an den Tischen sitzen. Eine gute Küche setzt sich bei Gästen durch und spricht sich herum.

Gute Restaurants haben saubere Speisekarten und eine ordentliche und gepflegte Umgebung. Sind die Angestellten freundlich? Werden Sie höflich behandelt? Das ist ein Zeichen dafür, welchen Stellenwert der Gast hat.

Sie können einen kurzen Blick in die Toiletten werfen. Ist die Hygiene angemessen, beginnen Sie in einem Lokal der gehobenen Preisklasse mit dem Bestellen von Vorspeisen. Bereits an der Suppe oder am Salat können Sie die Kochkünste erkennen. Frische Zutaten und eine angemessene Würze sind eine wichtige Voraussetzung. Eine übersichtliche Karte spricht meistens für Qualität. Eine große Karte deutet darauf hin, dass vieles vorbereitet ist und möglicherweise mit Fertigprodukten gekocht wird.

Wie mache ich die Bedienung im Restaurant auf mich aufmerksam?

Catch the
waiter's eye

Bitte vergessen Sie die Begriffe „Herr Ober" oder „Fräulein". Sie sind überholt. Viele Servicemitarbeiter reagieren heute nicht mehr auf solche Zurufe. Halten Sie Blickkontakt mit den Mitarbeitern, und machen Sie sich allenfalls durch ein dezentes Handzeichen bemerkbar.

Wie zahle ich richtig?

Das passende Zahlungsmittel hängt von der Situation ab, in der Sie sich befinden. Je offizieller und eleganter Ihre Einladung, desto diskreter das Bezahlen. Wenn Sie der Gastgeber einer größeren Runde sind, begleichen Sie Ihre Rechnung per Kreditkarte. Bei Geschäftsessen können Sie die Rechnung an das Unternehmen schicken lassen oder mit der Kreditkarte zahlen.

Es gehört heute nicht mehr zum guten Ton, zum Bezahlen den Tisch zu verlassen. Wenn Sie die Rechnung allerdings bar bezahlen möchten, verlassen Sie kurz und diskret Ihre Gäste. Wer einlädt, bezahlt auch. Der Gastgeber, egal ob Mann oder Frau, übernimmt die Rechnung.

Gastgeber zahlt diskret

Kann ich mein Handy im Restaurant benutzen?

Laut klingelnde Mobiltelefone sind in einem Restaurant unangebracht. Wenn Sie unbedingt telefonisch erreichbar sein müssen, nutzen Sie am besten den Vibrationsmodus. Zum Telefonieren bleiben Sie nicht am Tisch, sondern Sie entschuldigen sich kurz und begeben sich in eine ruhige Ecke.

Wie viel Trinkgeld gebe ich im Restaurant?

Sind Sie der Gastgeber, dann zahlen Sie nicht am Tisch, sondern an der Theke. Die Höhe des Trinkgeldes ist von Ihrer Zufriedenheit abhängig. Normalerweise sind fünf bis zehn Prozent der Gesamtsumme üblich, auch bei Kartenzahlung. Bei Kartenzahlung sollten Sie das Trinkgeld im Normalfall in bar übergeben.

Bei kleineren Beträgen lassen Sie sich das Wechselgeld herausgeben und legen das Trinkgeld auf den Tisch.

5 bis 10 Prozent Trinkgeld

Darf ich Wein nach dem Probieren zurückschicken, wenn er mir nicht schmeckt?

Probieren dient nur dem Qualitätstest

Das Probieren des Weins dient nicht als Weinprobe. Der Gast soll feststellen, ob der Wein nicht korkt. Wenn Ihnen der Wein partout nicht schmecken sollte, bleibt es dem Restaurant überlassen, ihn gegebenenfalls zurückzunehmen.

Nicht am Korken riechen

Der Korken wird nur gezeigt und vorgelegt, damit Sie sehen, dass er nicht verfault ist. Es ist nicht sinnvoll, am Korken zu riechen.

Wann ist es richtig, guten Appetit zu wünschen?

„Guten Appetit" nur im privaten Rahmen

Die Eröffnung des Essens mit den Spruch „Guten Appetit" ist von der Situation abhängig. Es war und ist immer noch nicht üblich, bei offiziellen Einladungen wie Dinnern oder Banketts „Guten Appetit" zu wünschen.

Gastgeberin gibt Startsignal

Die Gastgeberin gibt ein nonverbales Zeichen zum Auftakt des Essens, indem sie oder er zum Besteck greift. Der Gastgeber hebt das Glas zum Zuprosten, sofern dies dem Anlasse angemessen ist.

Im Familien- und Freundeskreis ist es allerdings nach wie vor üblich, dass der Gastgeber den Gästen „Guten Appetit" wünscht.

Wann ist es richtig, sich beim Trinken zuzuprosten ?

Es ist generell üblich, dass der Hausherr als Erster sein Glas erhebt und den Gästen zuprostet. Ihm bleibt es überlassen, ob er „zum Wohl", „Prost" oder „Prosit" sagt.

Gläser am Stiel anfassen

Beim Anstoßen werden Wein- und Sektgläser am Stiel angefasst, damit es einen schönen Klang gibt. Bei gehobenen Anlässen und im Geschäftsleben prosten sich die Anwesenden nicht zu.

Wann bestelle ich einen Aperitif?

Vor dem Essen gibt es oft einen Aperitif. Das Getränk diente ursprünglich dazu, den Appetit anzuregen. Es ist aber auch ein taktisches Element des Zeitmanagements, wobei der Gastgeber mit einem Getränk und etwas Unterhaltung die Zeit überbrücken kann, bis alle Gäste eingetroffen sind.

Als Gast sollten Sie warten, bis der Gastgeber einen Aperitif bestellt und Sie auffordert das Gleiche zu tun. Überlegen Sie nicht lange und bestellen Sie sich etwas nach Ihrem Geschmack.

Gastgeber
bestellt Aperitif

Es gibt verschiedene Sorten von Aperitifs. Sie zeichnen sich meist durch eine Säure oder eine gewisse Bitterkeit aus.

Typische Getränke sind: ein Glas Sekt, Sekt-Orange, Prosecco, Champagner, Campari, Campari-Orange oder Martini. Auch aktuelle oder regionale Aperitifs wie Aperol Spritz sind möglich. Wenn Sie keinen Schaumwein trinken möchten, bestellen Sie ein anderes Getränk.

Sollten Sie keinen Alkohol trinken, greifen Sie auf frisch gepressten Orangensaft zurück.

Wann bestelle ich einen Digestif?

Nach dem Essen wird ein Digestif als Verdauungsschnaps angeboten. Magenbitter, Brände oder Grappa sind üblich.

Statt Magenbitter nach dem Essen unterstützt auch ein Espresso die Verdauung. Ein Gastgeber bietet am Ende des Menüs oft einen Kaffee an. Wenn Sie keinen Kaffee vertragen, bestellen Sie auch keinen Digestif. Bleiben Sie als Gast im Rahmen der angeboten Kategorie. Bestellen Sie lieber einen Tee oder bleiben Sie beim Wasser.

Muss ich einen Digestif trinken, obwohl ich nicht mag?

Oft wird zum Beispiel in italienischen oder griechischen Lokalen von der Servicekraft nach dem Zahlen ein Digestif wie Grappa unaufgefordert gebracht. Wenn Sie das Getränk nicht trinken möchten, nippen Sie daran und lassen Sie es stehen. Oder weisen Sie den Kellner rechtzeitig darauf hin, dass Sie keinen Digestif wünschen, weil Sie noch fahren, und bedanken Sie sich bei ihm.

Wie sieht eine ideale Sitzordnung aus?

Veranstaltungen, bei denen es ein Menü gibt und die Teilnehmer sitzen, erfordern eine Sitzordnung. Generell gelten die Plätze in der Nähe des Gastgebers als besonders begehrte Sitzplätze. Der ranghöchste Platz ist rechts neben dem Gastgeber.

Rechte Seite =
Ehrenplatz

Stellen Sie eine Liste der Gäste zusammen, die zugesagt haben. Sie können als Hilfe ein so genanntes Placement zeichnen: Ordnen Sie die Gäste nach ihrem Rang oder ihrer Bedeutung, und verteilen Sie sie nach Ihrem Rang auf die Sitzplätze. Je weiter der Gast vom Gastgeber entfernt sitzt, desto niedriger ist sein Rang. Die ranghöchste Frau sitzt rechts neben dem Gastgeber, der ranghöchste Mann rechts neben der Gastgeberin. Paare werden in der Regel getrennt platziert, das erleichtert das Gespräch mit anderen Gästen. Meistens sitzen sie sich gegenüber.

Paare sitzen allerdings nie zu weit auseinander, damit ein Gespräch zwischen den beiden immer noch möglich ist.

Uwe Freund: Knigge-Update – Mehr Erfolg durch Business-Etikette

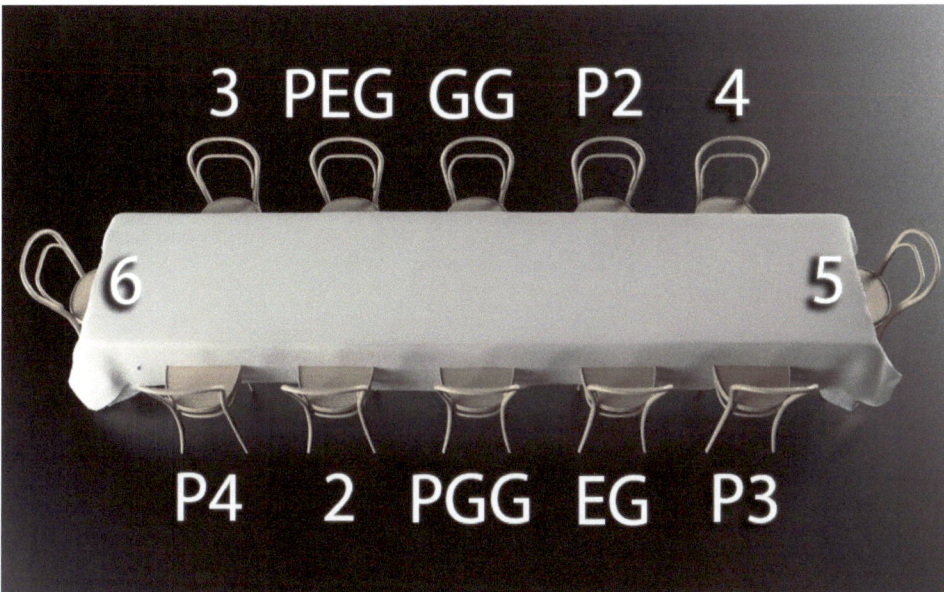

GG = Gastgeber, EG = Ehrengast,
PGG = Partner/-in Gast, PEG = Partner/-in Ehrengast;
Nummern: Rangfolge der Gäste, P+Nummer = Partner/-in

Bei größeren Gesellschaften ist die Anordnung der Tische auch eine wichtige Aufgabe. Lange Tische sind bei sehr offiziellen Anlässen angebracht, obwohl sie die Kommunikation der Gäste nicht gerade fördern. In diesem Fall sind Tafeln in E- oder U-Form genau richtig. Achten Sie darauf: Tische, die weit weg vom Gastgeber sind, gelten als unbeliebt.

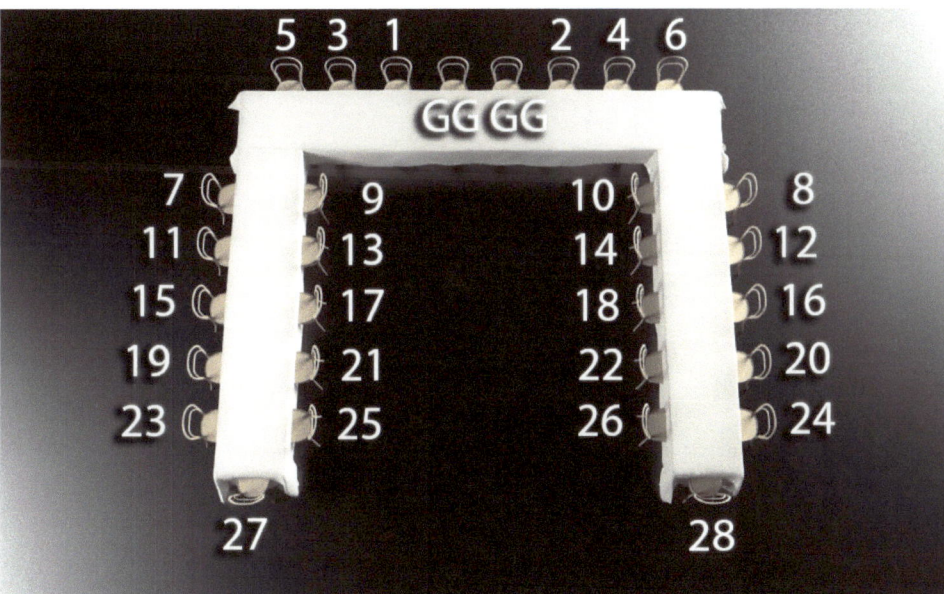

Anders ist es bei runden oder quadratischen Tischen mit acht bis zehn Personen, die eine zwanglosere Kommunikation erlauben.

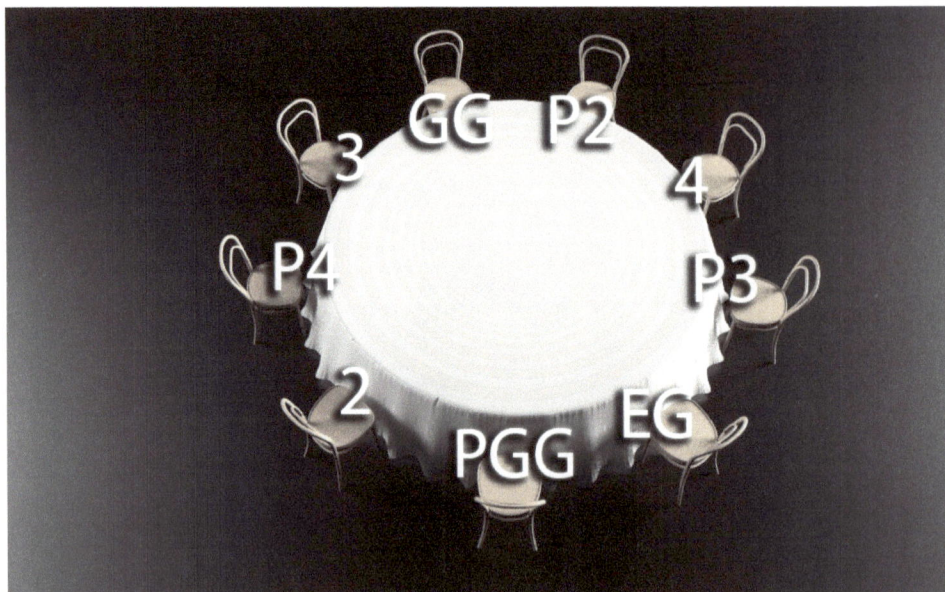

Wenn die Tische zu einer Bühne ausgerichtet sind, gilt als Ehrentisch der Tisch, der direkt vor der Bühne steht.

Wann halte ich eine Tischrede?

Wenn bei Ihrem Geschäftsessen Tischreden vorgesehen sind, hält in der Regel der Gastgeber oder der Veranstalter als Erstes nach der Vorspeise eine Rede. Falls mehrere Personen Tischreden halten möchten, wird dies zuvor mit dem Gastgeber abgestimmt.

Bei großen Veranstaltungen einigen Sie sich über die Inhalte und informieren vorher den Oberkellner, damit sich die Küche darauf einstellen kann.

Tischreden und Trinksprüche werden stets zwischen den Gängen stehend gehalten. Unter dem Begriff Trinkspruch versteht man eine kurze Rede zu Ehren einer Person oder zu einem Anlass. Das Glas wird erhoben und auf eine Person oder auf die Geschäftsbeziehung getrunken.

Wie reagiere ich bei Peinlichkeiten am Tisch richtig?

Bleiben Sie ruhig, und geraten Sie nicht in Panik. Geschehen ist geschehen. Ein Malheur wie ein Soßenfleck auf der Krawatte kann immer einmal passieren. Machen Sie sich auch nicht darüber lustig, dadurch wird es für andere Anwesende nur noch deutlicher. Lassen Sie den Fleck, wo er ist, oder fragen Sie das Personal um ein Tuch und ein wenig Wasser.

Keine Kommentare zu eigenen Peinlichkeiten

Falls Sie Ihrem Nachbarn gerade den Wein über die Hose gegossen haben, bitten Sie die Person um Entschuldigung, bieten Sie umgehend Ihre Hilfe an, um Wasser oder ein Tuch zu holen, und erklären Sie sich bereit, die Kosten für die Reinigung zu übernehmen.

Fällt eine Nudel auf den Schoß? Rutscht ein Teil Ihres Essens von der Gabel? Sehen Sie drüber hinweg. Gehen Sie mit Pannen „normal" um, dann fallen sie weniger auf.

5 Kleidung und Stil

In den ersten 8 bis 12 Sekunden bilden wir uns einen ersten Eindruck von einem Menschen, den wir gerade kennen lernen. Dabei haben Kleidung, Farbwahl und gepflegte, positive Erscheinung maßgeblichen Einfluss darauf, ob wir den Anderen sympathisch oder unangenehm wahrnehmen.

Welche Farben passen am besten zu mir?

Welche Farben bei Kleidung und Schmuck für Ihre persönliche Wirkung besonders günstig sind, hängt von Ihrer Haar, Augen- und Hautfarbe ab. Es lassen sich vier Grundtypen unterscheiden:

Frühlingstyp: sonnige, leuchtende, klare Farben

- Ihre Haarfarbe: Hellblond, Goldblond, warmes Hellbraun, Honigton

- Ihre Hautfarbe: Cremeweiß, Pfirsich

- Ihre Augenfarbe: intensives Blau, goldglänzendes Grün, Haselnuss

- Beste Farben: warme Brauntöne, helle Farben mit gelbem Unterton, helles Kamelhaar, warmes Beige; Hemden: Apricot, Flieder, Koralle, Violett, Hellgrün; Pullover: Sonnengelb, Tomatenrot, sattes Grün

- Ungünstige Farben: Schwarz, Grau, Blaurot, Weiß

- Schmuckfarbe: Gold - Gelbgold, Rotgold - Damen auch: Jade, heller Bernstein, cremeweiße Perlen, Türkise

Sommertyp: kühle, gedämpfte Pastelltöne

- Ihre Haarfarbe: Aschblond, Mittelblond, Silbergrau

- Ihre Hautfarbe: sehr hell, bläulicher Unterton

- Ihre Augenfarbe: Blau, Grünblau, Graubraun

- Beste Farben: Rauchblau, Silbergrau, Wollweiß; Hemden: gebrochenes Weiß, Pastellfarben; Pullover: Altrosa, Himbeere, Hellblau, Grautöne

- Ungünstige Farben: Orange, Braun, Lodengrün, Schwarz, reines Weiß

- Schmuckfarbe: Silber - Silber, Weißgold, Platin - Damen auch: Perlen, Amethyst, Rosenquarz, Hämatit

Herbsttyp: gesättigte, warme Erdtöne

- Ihre Haarfarbe: warmes Braun mit Rotschimmer, Honig, Rot, Kastanie

- Ihre Hautfarbe: Elfenbein, Pfirsich - Sommersprossen

- Ihre Augenfarbe: Braun mit Goldschimmer, Grünblau, Grün

- Beste Farben: warme Brauntöne und Gelbtöne, Maisgelb, Cognac, Oliv, Senf, Kamelhaar, Karamell; Pullover: Orangerot, Orange, Lodengrün, Khaki

- Ungünstige Farben: Schwarz, Reinweiß, kühle, bläuliche Farben

- Schmuckfarbe: Gold - Rotgold, Gelbgold, Kupfer, Damen auch: Jade, Bernstein, Achat, Schaumkoralle

Wintertyp: klare, kühle und kontrastreiche Farben

- Ihre Haarfarbe: Hellbraun, Dunkelbraun, Schwarz, attraktives Grau, z. B. graue Schläfen

- Ihre Hautfarbe: Beige, Oliv oder Weiß

- Ihre Augenfarbe: Blau, Dunkelbraun, Grün

- Beste Farben: Schwarz, Weiß; Anzug: Marineblau, Schwarz, Silbergrau; Hemden: Weiß, Grau, kühles Blau; Pullover: Hochrot, Dunkelblau, Blaugrün

- Ungünstige Farben: Orange, Braun, Lodengrün

- Schmuckfarbe: Silber - Weißgold, Platin, Diamanten - Damen auch: extravaganter Schmuck, auch Modeschmuck, Lapislazuli, Amethyst

Was trage ich als Mann im Büro?

In manchen Unternehmen gibt es im Kundenkontakt eine einheitliche Berufsbekleidung für die Mitarbeiter. In anderen Unternehmen, wie zum Beispiel in vielen Unternehmensberatungen, gibt es einen klaren Dresscode, der regelt, welche Farben getragen werden können.

Angemessene Kleidung nach Unternehmen unterschiedlich

Was angemessen ist, hängt von der Branche der Firma, dem Stil des Unternehmens und der Position in einer Firma ab. Banken und Versicherungen bevorzugen oft klassische, formelle Kleidung, während Angestellte eines Modeunternehmens modisch-aktuell gekleidet sein dürfen.

Das Kernstück der männlichen Arbeitskleidung in Büroberufen ist der Anzug. Für Sachbearbeiter sind Kombinationen wie Hose und Sakko in unterschiedlichen Farben angemessen. In manchen Unternehmen werden Jeans zu Sakko und

Hemd akzeptiert. Für die Freizeit sind kurze Hosen, bunte Hemden und T-Shirts angemessen.

Bei Kundenerstkontakt sind Einreiher oder Kombinationen angemessen, in Grau, Blau, Braun, im Sommer auch Beige, eventuell dezent gemustert. Hemden zum Anzug sind langärmlig. Passende Krawatten sind auf den Anzug abgestimmt und haben dezente Muster oder Streifen. Mit den Schuhmodellen Derbys, Oxford und Brogues sind Sie gut bedient.

Muss ich als Vortragender auch das einreihige Sakko geschlossen lassen?

Unterster Knopf immer offen

Um Missverständnisse zu vermeiden – „geschlossen" bedeutet hier: Alle Knöpfe, bis auf einen, sind vorn geschlossen. Der unterste Knopf bei einem Sakko mit drei oder mehr Knöpfen bleibt immer offen. Bei einem Zwei-Knopf-Sakko kann wahlweise der obere oder der untere Knopf offen gelassen werden. Zum Schließen gilt:

- Wenn Sie einen Einreiher mit Krawatte tragen, wird das Sakko im Stehen stets geschlossen.

- Beim Einreiher ohne Krawatte kann das Sakko offen bleiben, auch während eines Vortrags oder einer Präsentation.

- Ein zweireihiges Sakko ist im Stehen immer geschlossen.

Übrigens: Wenn Sie nicht absolut schlank sind, gibt Ihnen das geschlossene Sakko eine deutlich bessere Silhouette. Lassen Sie es deshalb in jedem Fall stehend geschlossen, unabhängig von der Krawatte.

Welchen Schmuck trage ich als Mann im Büro?

Als Mann tragen Sie maximal neben der Armbanduhr noch ein Armband, das zu Schuhen und Gürtel passt, und höchstens zwei Ringe.

Uwe Freund: Knigge-Update – Mehr Erfolg durch Business-Etikette

Was trage ich als Frau im Büro?

Frauen haben mehr modischen Spielraum als Männer. Je repräsentativer die Position im Unternehmen ist, desto eher sollte die Entscheidung für Kostüm oder einen Hosenanzug in dezenten Farben wie Dunkelblau, Braun, Grau oder Nadelstreifen fallen. Zu vermeiden sind transparente Stoffe und tiefe Ausschnitte. Schuhe können geschlossen oder offen sein, solange die Zehen nicht sichtbar sind. Strümpfe sind farblich auf Hose oder Rock abgestimmt, im Kundenkontakt sind auch bei hochsommerlichen Temperaturen Strümpfe ein Muss.

Die Handtasche sollte auf die Kleidung und die Schuhe abgestimmt sein. Aktentasche und Handtasche können gleichzeitig getragen werden, solange sie zusammen passen.

Achten Sie darauf, dass Ihr Parfum nur aus nächster Nähe wahrzunehmen ist. Make-up wenden Sie am besten so dezent wie möglich an.

Welchen Schmuck trage ich als Frau im Büro?

Im Büro tragen Sie als Frau neben der Armbanduhr nur wenige und dezente Schmuckstücke. Perlenschmuck ist meist passender als Schmuck mit Brillanten oder anderen Edelsteinen.

Perlen vor
Steinen

Wie bindend ist ein Bekleidungsvermerk?

Im Geschäftsleben werden häufig Einladungen ausgesprochen. Dabei ist es wichtig, die Bekleidungsvermerke oder den so genannten Dresscode zu beachten. Mit diesen Empfehlungen drückt der Gastgeber seinen Wunsch für den Kleidungsstil seiner Gäste sowie den Rahmen der Veranstaltung aus.

Die klassischen Kleidervermerke werden immer in Hinblick auf die Kleidung der Herren gegeben. Von Damen erwartet man normalerweise, dass sie daraus ableiten, was für sie passend ist. Englisch- oder französischsprachige Empfehlungen sind angebracht, wenn internationale Gäste anwesend sind, zum Beispiel „Come as you are" oder „Tenu de ville" (normale Arbeitskleidung).

Was bedeuteten eigentlich die unterschiedlichen Dresscodes? Und wie gehe ich eigentlich korrekt gekleidet zu einer Schulung?

Folgendes verbirgt sich hinter den verschiedenen Bekleidungsvorschriften:

Abendgarderobe

Empfang, Einladung zum Essen, abends

- Herren: Dunkler Anzug, Krawatte

- Damen: Cocktailkleid

Black Tie Optional

Empfang, Einladung zum Essen

- Herren: Smoking mit schwarzer Fliege oder dunklem Anzug mit Krawatte, Smoking zum geöffneten Hemd ohne Fliege.

- Damen: Cocktailkleid, langes Abendkleid oder festliches Kostüm.

Business hochoffiziell

tägliche Geschäfte auf hohen Führungsebenen

- Herren: Dreiteiliger gedeckter Anzug in Dunkelgrau, Anthrazit oder Dunkelblau mit Weste, Hemd, Krawatte und glatten Lederschuhen. Schlichte Manschettenknöpfe. Am Abend auch Anzüge in Schwarz.

- Damen: Schwarzes Kostüm, dunkler Hosenanzug mit Hemd, gepflegte Schuhe, nicht höher als sechs Zentimeter, Nylon-Strümpfe.

66

Business offiziell

tägliche Geschäfte in mittleren Führungsebenen

- Herren: Zwei- oder dreiteiliger dunkler Anzug mit Hemd, Krawatte, geschlossene Schuhe. Alternativ auch Anzug in Braun oder Cognac, aufeinander abgestimmte Schuhe und Gürtel.

- Damen: Kostüm oder Hosenanzug mit Bluse in Weiß, Hellblau oder Rosé, auch elegante Tops. Bei hohen Temperaturen auch Etuikleid. Feinstrumpfhosen, geschlossene Schuhe.

Business casual

Freizeit, Brunch, interne Meetings außerhalb des Büros, Seminare, Schulungen.

- Herren: Polo-Shirt, T-Shirt, Hemd in dezenten Farben, Cordhose, feiner Strickpullover in Kombination mit Baumwollhose, dunkle Jeans, dunkle geschlossene Schuhe.

- Damen: Rock oder Hose, auch dunkle Jeans. Bluse auch in kräftigen Farben, Polo-Shirt, Strick- oder Kaschmirpullover, auch offene Schuhe, zum Beispiel elegante Sandaletten.

Casual Friday oder Casual Day

Einstimmung auf das nahende Wochenende

- Herren: Jackett und Hose oder auch Jeans, ohne Krawatte. Anzug aus Leinen.

- Damen: Leichtes Baumwollkostüm oder leichter Hosenanzug, schlichte Hose, Rock mit schicker Bluse oder elegantem feinen Pullover.

Casual wear

informelle Anlässe in informellem Ambiente tagsüber, ggf. auch Seminare, Schulungen.

- Herren: Leichte Stoffhose, Poloshirt, Hemd, dunkle Schuhe. Im Sommer in südlichen Ländern auch Bermudas erlaubt.

- Damen: Kleid, auch gemustert und bunt, schicke oder sportliche Pumps mit nicht zu hohen Absätzen.

Cutaway (Morning Coat)

festliche Anlässe am Vormittag oder frühem Nachmittag, Hochzeiten

- Herren: Schräggeschnittene lange Jacke in dunkelgrauen Farben, graugestreifte Hose ohne Aufschlag, hellgraue oder cremefarbene, einreihige Weste. Glatte, schwarze Lederschuhe. Zylinder.

- Damen: Cocktailkleid oder Seidenkostüm. Rocklänge nie kürzer als knieumspielend, elegante Pumps mit mittlerem bis hohem Absatz.

Cocktail (Formal, Tenue de ville, Business Attire)

formeller Anlass, Business-Meeting

- Herren: Dunkler Anzug, Hemd, Krawatte, geschlossene Schuhe.

- Damen: Modernes oder klassisches Cocktailkleid in Knielänge. Pumps.

Come as you are (nach Büroschluss)

Geschäftsessen, Drink nach Feierabend

- Herren: Übliche Bürokleidung, Krawatte kann ausgezogen werden. Basics sind Hemden und Flanellhosen.

- Damen: Übliche Bürokleidung. Dunkles Kostüm, Kleid oder Rock mit Bluse. Feine Strickjacken anstatt Blaser. Keine Miniröcke, keine Turnschuhe, keine tiefdekolletierten Blusen. Bedeckte Schultern.

Day Informal/Business Attire

Geschäftsreise, Verabredung mit Geschäftspartner, eingeladen zu einem Termin

- Herren: Dunkler Anzug in gedeckten Farben (Dunkelgrau, Anthrazit, Schwarz, Dunkelblau), Krawatte, schlichte Schuhe.

- Damen: Hosenanzug oder Kostüm, knieumspielender Rock mit Strumpfhosen in Anthrazit, Dunkelblau oder Schwarz. Bluse in Weiß, Hellblau oder Rosé. Geschlossene schlichte Schuhe.

Frack (White Tie, Cravate Blanche)

Abendgarderobe formell (Eveningwear)

- Herren: Schwarzer einreihiger Frack mit weißer Fliege. Die Jacke kann nicht geschlossen werden. Weiße V-förmige Weste aus Baumwoll-Piqué, schwarze Lacklederschuhe. Schwarzer Zylinder, oft auch weiße Handschuhe.

- Damen: Langes Abendkleid mit Jäckchen oder Stola, elegante Schuhe, auffallender Schmuck.

Semi-formal

Geschäftsreisen, Geschäftsalltag mit Kontakt zur Chefetage

- Herren: Dunkler Anzug, Hemd, Krawatte.

- Damen: Kostüm, Hosenanzug, Etui-Kleid. Dunkle Baumwollhose, Twinset, hochwertiger Pullover.

Smart casual (sportlich-elegant)

Gehobene Freizeitkleidung

- Herren: Hemd oder Pullover, Kombinationen aus Sakko, Hemd und heller, langer Baumwollhose. Poloshirt unter dunklem Anzug, geschlossenen Schuhen, keine Krawatte.

- Damen: Blazer mit Hose, Twinset, Blaser mit Rock, Bluse, geschlossene Schuhe mit nicht zu hohen Absätzen.

Smoking (Black Tie, Cravatte Noire)

Halbformelle, festlich-elegante Abendgarderobe (ab 18:00 Uhr), Hochzeitsdinner, Oper, Theaterpremiere.

- Herren: Schwarzer oder nachtblauer Smoking, schwarze Fliege, weißes Smokinghemd mit Kläppchenkragen, Einstecktuch, glatte schwarze Lederschuhe.

- Damen: Langes Abendkleid, auch schulterfrei, Jäckchen oder Stola, elegante Schuhe.

Sporty Casual

Gesellschaftliche Sportveranstaltung

- Herren und Damen: Outdoor-Kleidung.

Was trage ich zum Bewerbungsgespräch?

Gepflegte
Erscheinung

Beim Bewerbungsgespräch geht es auch um die persönliche Ausstrahlung und das Erscheinungsbild. In dieser kurzen Zeit können Sie sich keinen Fauxpas leisten. Der erste Eindruck entscheidet über den weiteren Verlauf der Begegnung. Vermeidbar ist einiges, beginnend mit dem äußeren Erscheinungsbild.

Hier kommt es darauf an, um welchen Beruf es sich handelt. Wer sich als Lagerarbeiter bewirbt, braucht nicht mit Anzug und Krawatte zu erscheinen.

In kreativen Berufen gibt es viel Raum für Individualität. Um auf Nummer sicher zu gehen, werden aber auch hier die Farben Grau, Dunkelblau und Schwarz bevorzugt. Für Männer ist ein gut sitzender Anzug in passender Kleidergröße mit einem dezent einfarbigen Hemd richtig.

Obwohl es bei Frauen mehr Gestaltungsfreiheiten gibt (Kostüm, Anzug), meiden Sie grelle Farben am besten. Kostüme und Kleider gehen mindestens bis zum Knie. Gedeckte Farben, unauffällige Schnitte und bequeme schwarze Schuhe sorgen für einen seriösen Eindruck.

Egal, was Sie tragen: Die Kleidung muss sauber und gepflegt sein. Flecken und Verunreinigungen sind selbstverständlich tabu.

Kleidung
angemessen zum
Beruf

6 Telefon, E-Mails und Briefe

Uwe Freund: Knigge-Update – Mehr Erfolg durch Business-Etikette

Telefon und E-Mail sind heute die vorherrschenden Kommunikationsmittel. Durch professionelle Meldung am Telefon und klare, gut strukturierte E-Mails verschaffen Sie sich einen deutlichen Vorteil und werden als sympathischer wahrgenommen.

Wie sieht die optimale Begrüßung bei eingehenden Telefonaten aus? Melde ich mich mit „Guten Tag" oder erst mit dem Firmennamen?

Die ersten zwei bis vier Silben Ihrer Begrüßung nimmt der Anrufer noch nicht optimal auf. Deshalb sollte die erste Information eine möglichst unwichtige sein, also der Tagesgruß:

- Tagesgruß: „Guten Tag" oder „Einen schönen guten Tag" (so wird der Tagesgruß besser verstanden).   Tagesgruß

- Firmenname: „XY GmbH" – allerdings immer ohne das Wort „Firma". Das wirkt antiquiert.   Firma

- Ihr Name: „Sie sprechen mit Hans Mustername." Wenn Sie nur Ihren Nachnamen nennen, wirken Sie zu distanziert. Wenn Sie als Mann eine sehr hohe Stimme haben, können Sie alternativ sagen: „Sie sprechen mit Herrn Mustername." Das gleiche gilt für Frauen mit einer besonders tiefen Stimme.   Voller Name

Wenn Ihr Nachname auch als Vorname gängig ist, z. B. „Andreas Peter", können Sie ebenfalls diese Alternative wählen.

- Aufforderung zur Aktion: „Was kann ich für Sie tun?"   Aufforderung

Die Aufforderung zur Aktion ist nicht mit der Frage „Wie kann ich Ihnen helfen?" gleichzusetzen. Das klingt, als könne Ihr Anrufer nur wegen eines Problems anrufen.

Muss ich nach wie vor die Anrede mit Doktortitel verwenden, vor allem am Telefon und in E-Mails, oder ist das veraltet?

Dr. und Professor
werden genannt

„Doktor" oder „Professor" sind Namensbestandteile, die grundsätzlich genannt und geschrieben werden.

In Briefen und Faxen stehen ohnehin alle Titel im Adressfeld. Der höchste erworbene Titel auch in der Anrede verwendet.

In E-Mails verfahren Sie auf die gleiche Weise. Im Kontakt zu Kunden und Geschäftspartnern unterscheidet sich der Schreibstil bei E-Mails nicht von Briefen oder Telefaxen.

Bei Telefonaten gilt: Nur wenn Ihr Gesprächspartner ausdrücklich keinen Titel wünscht, können Sie ihn weglassen.

Wie groß ist heute der Unterschied zwischen Sprechdeutsch und Schriftdeutsch?

Das so genannte „Schriftdeutsch" enthielt früher viele spezifische Begriffe und Floskeln, die im gesprochenen Deutsch nicht verwendet werden, zum Beispiel: „Bezugnehmend auf... teilen wir Ihnen mit", „Mühewaltung", „Zur Kenntnisnahme und zum Verbleib", „Als Anlage", „Wir verbleiben", „Für Rückfragen stehen wir Ihnen jederzeit gern zur Verfügung".

Leicht und
schnell lesbar
schreiben

Formulieren Sie heute so, dass Ihr Text leicht und zügig gelesen werden kann: Schreiben Sie sprechnah in gehobener, zeitgemäßer Sprache. Verwenden Sie eher Verben als Hauptwörter. Vermeiden Sie unübliche Begriffe, Behördensprache und Kanzleiausdrücke. Schreiben Sie formal und orthografisch korrekt sowie klar und eindeutig.

Vermeiden Sie Abkürzungen, Klammern und Gedankenstriche, denn sie verlangsamen den Lesefluss.

Wie stark unterwürfig formuliere ich E-Mails und Briefe?

Behandeln Sie die Empfänger Ihrer Schreiben als gleichberechtigte Gesprächspartner. Vermeiden Sie unterwürfige Formulierungen genauso wie überhebliche. Beispiele wie „Wir erlauben uns", „Wir dürfen Sie bitten", „Wir möchten Sie einladen", „Wir würden uns freuen, wenn Sie uns einladen würden" sind Formulierungen, die heute nicht mehr als zeitgemäß gelten.

Freundlich, aber gleichberechtigt und klar

Drückt die Textmenge in Schreiben heute noch die Wertschätzung für den Empfänger aus?

Wertschätzung für den Empfänger wird heute durch Übersichtlichkeit, Prägnanz und inhaltliche Klarheit ausgedrückt. Schreiben Sie kurz, klar strukturiert und übersichtlich: Sätze sind maximal anderthalb bis zwei Zeilen lang, Absätze vier bis sechs Zeilen. Ein komplettes Schreiben geht idealerweise nicht über eine DIN A4-Seite hinaus.

Möglichst auf 1 Seite beschränken

Wenn Sie die Auswahl zwischen einem langen und einem kurz Begriff mit der gleichen Aussage haben, wählen Sie stets die kürzere Formulierung. Statt „übersenden" schreiben Sie „senden". Statt „Beantwortung" schreiben Sie „Antwort".

Kürzere Wörter vorziehen

Was gilt heute für Anschreiben als höflich und freundlich?

Seien Sie höflich, freundlich und persönlich. Siezen Sie den Adressaten, anstatt ihm in der Wir-Form zu schreiben. Beispiel: „Mit diesem Schreiben erhalten Sie...", anstelle von "Als Anlage senden wir Ihnen...". Versetzen Sie sich beim Schreiben in die Lage des Empfängers. Vermeiden Sie unpersönliche Formulierungen wie „man" oder „es empfiehlt sich".

Persönlich formulieren

Warum soll ich in Briefen auf negativ belegte Begriffe verzichten?

Positiv schreiben

Formulieren Sie positiv und psychologisch geschickt. Steuern Sie die Gedankenwelt Ihres Empfängers, indem Sie Begriffe verwenden, die positiv sind: „Gute Fahrt", anstelle von „Pannenfreie Fahrt". Oder: „Bitte entschuldigen Sie, dass wir erst jetzt antworten können", statt negativ: „Bitte entschuldigen Sie, dass wir so spät antworten".

Was bedeutet es, dass heute Dopplungen in Briefen und E-Mails vermieden werden?

Jede Info nur einmal

Nennen Sie jede Information nur einmal. Das betrifft sowohl einzelne Begriffe, als auch ganze Konstruktionen oder Wiederholungen von Inhalten.

Begriffe wie „Rückantwort" ersetzen sie durch „Antwort". Eine Antwort geht schließlich immer zurück. Statt „...einen Betrag in Höhe von 50,- Euro" schreiben Sie heute „50 Euro", denn es ist offensichtlich, dass es sich um einen Betrag handelt. Die „Höhe" ist aus heutiger Sicht eine überflüssige Information.

Welche Informationen, die früher in Anschreiben verwendet wurden, gelten heute als „sinnlos"?

Kürzen durch sinnvolle Formulierungen

Geben Sie nur sinnvolle Informationen. Als nicht sinnvoll werden alle Informationen angesehen, die der Empfänger schon kennt oder sich sinnvoll erschließen kann. „Wir haben Ihr Schreiben erhalten und teilen Ihnen mit..." ist unsinnig. Hätten Sie das Schreiben nicht erhalten, dann könnten Sie auch nicht antworten.

„Wir senden Ihnen die Unterlagen zur Kenntnisnahme und zum Verbleib" ist ebenfalls sinnlos, denn selbstverständlich soll der Empfänger das Schreiben lesen und behalten. Wenn Sie etwas anderes wünschen, dann teilen Sie dies konkret mit, zum Beispiel: „Bitte senden Sie ein Vertragsexemplar an Ihre Bank. Das zweite ist für Ihre Unterlagen bestimmt".

Formulierungen wie „Gerne nehmen wir zu dem Sachverhalt Stellung..." oder „Wir haben den Sachverhalt geprüft, und teilen Ihnen heute das Ergebnis mit..." sind überflüssig, da Sie selbstverständlich vor der Antwort geprüft haben – und der Empfänger sieht bereits am Betreff, dass er mit Ihrem Schreiben eine Antwort auf sein Anliegen erhält.

Als sinnlos gilt heute auch die einfache Nacherzählung der Inhalte des Absenderschreibens, zum Beispiel: „Sie teilen uns mit, dass Sie eine Gehaltsbestätigung für den Monat März benötigen."

Was bedeutet „pro-aktiv" beim Schreiben?

Schreiben Sie pro-aktiv: Geben Sie dem Empfänger die Informationen, die sinnvoll zum Verständnis notwendig sind. Wenn Sie also das, was der Empfänger möchte, nicht leisten können oder möchten, überlegen Sie, welche Alternative Sie anbieten können. Bauen Sie vor allem bei Ablehnungen das Schreiben so auf, dass es der Empfänger Schritt für Schritt nachvollziehen kann.

Mitdenken

7   Sport und Freizeit

Selbstverständlich achten Sie auch in der Freizeit und beim Sport auf gute Umgangsformen. Schließlich möchten Sie gerade Ihre Freizeit entspannt, ungestört und positiv verbringen. Und wer weiß, was aus dem sympathischen Sport-Kontakt mal wird?

Wie verhalte ich mich im Fitnessstudio richtig?

Jedes Fitnessstudio ist anders, aber alle haben eine gemeinsame Gym-Etikette. Eine frische Fitnessbekleidung wird immer vorausgesetzt. Was Sie zum Training anziehen wird Ihnen überlassen. Freie Oberkörper bei Männern und allzu bauchfreie Einsichten bei Frauen sind tabu. Einige Studios erwarten auch bei Männern bedeckte Schultern und Achselhöhlen.

Saubere Kleidung

Parfum ist ein einem Fitness-Studio nicht sehr angebracht, Deodorant ist allerdings gerne gesehen. Verzichten Sie ein Tag vor dem Training und vor einem Saunagang auf den Genuss von Knoblauch und Zwiebeln, die unangenehme Schweißgerüche verursachen. Tragen Sie saubere Trainingsschuhe, die Sie gelegentlich lüften. Ein höfliches Grüßen, ein freundliches Lächeln oder ein Smalltalk steigern Ihren Sympathiefaktor.

Achten Sie auf die Signale Ihrer Mitmenschen und halten Sie die richtige Distanz. Mancher sucht während des Trainings seine Ruhe und will nicht gestört werden. Störend werden lautstarke Gespräche oder Telefongespräche empfunden. Wenn Sie Ihr Mobiltelefon unbedingt in den Trainingsraum mitnehmen müssen, stellen Sie es lautlos und gehen Sie zum Sprechen hinaus.

Keine lauten Gespräch, keine Telefonate

Vergessen Sie nicht, ein frisches Handtuch mitzunehmen. Legen Sie es auf die Geräte, die Sie benutzen.

Handtuch nutzen

In den Abendstunden sind Studios stark frequentiert. Trainieren Sie zügig auch an Ihren Lieblingsgeräten und geben Sie anderen die Möglichkeit, sie auch zu benutzen. Wenn Sie eine Stunde mit Trainer besuchen, achten Sie darauf, dass Sie immer pünktlich erscheinen. Vermeiden Sie, das Training zu unterbrechen und somit andere zu stören.

Zügig trainieren

Was muss ich beim Golfspielen beachten?

Bei dieser Sportart wird auf Pünktlichkeit, gegenseitige Rücksichtnahme, Grüßen, Respekt, Smalltalk und vor allem Fair Play Wert gelegt. Treffen Sie zehn bis 15 Minuten vor der vereinbarten Startzeit ihren Golfpartner. Beachten Sie die allgemeinen sportartspezifischen Regeln sowie die Hallen- und Hausordnung.

Legen Sie viel Wert auf die Körperpflege und Hygiene vor und nach dem Sport. Geben Sie Ihre Sportkleidung nach dem Sport stets in die Wäsche. Golf wird allein oder ohne Schiedsrichter gespielt, deshalb erwartet man, dass sich die Spieler diszipliniert verhalten.

Geschäftliche Themen vermeiden

Beim Golfspiel ist das Handicap ein wichtiger Faktor. Es drückt die Spielstärke ihres Partners aus. Dabei ist Vorsicht geboten, da es dem Gefragten peinlich sein könnte. Gespräche über geschäftliche Angelegenheiten gehören nicht auf den Golfplatz, sondern können maximal im Klubrestaurant stattfinden. Der Sport dient dazu, sich vom Alltagsstress zu erholen und abzuschalten. Viele Gesprächsmöglichkeiten über komplexe Themen bieten sich beim Golf eher nicht an, weil die Konzentration darunter leiden könnte.

Beim Smalltalk wird meist über sportartspezifische Neuigkeiten wie Ausrüstungen oder allgemeine Themen gesprochen. Nach dem Spiel im Klubrestaurant, das auch gerne als „19. Loch" bezeichnet wird, können Sie sich mit Kollegen unterhalten, Kontakte knüpfen und Visitenkarten austauschen.

Tages-Du

In einigen Clubs ist es üblich, sich das „Tages-Du" anzubieten. Das heißt, dass Sie jemandem das Du nur für diesen Tag zum gemeinsamen Spiel anbieten. Beim nächsten Treffen gilt es nicht mehr, und Sie sind wieder beim Sie – zum Beispiel, wenn Sie sich im geschäftlichen Rahmen treffen sollten.

Wie verhalte ich mich in der Sauna richtig?

Falls Sie sich in einem Tagungshotel befinden, gehen Sie den Weg vom Hotelzimmer zum Wellness-Bereich nicht im Bademantel. Es ist unhöflich gegenüber gekleideten Gästen in der Lobby, Bar oder im Restaurant. Verzichten Sie am Vortag auf kräftig ausdünstende Lebensmittel wie Knoblauch oder Zwiebeln. Parfums haben in der Sauna auch nichts verloren.

Nur im Bademantel durchs Hotel

Duschen Sie sich ab, bevor Sie die Sauna betreten, und lassen Sie ihre Schuhe außerhalb stehen. Nehmen Sie zwei Handtücher mit, eines für die Sitzbank und eines zum Abtrocknen nach dem Kaltguss. Eine positive Atmosphäre schaffen Sie beim Eintreten, indem Sie grüßen.

Decken Sie das Holz komplett mit Ihrem Handtuch bzw. Ihren Handtüchern ab. Fragen Sie, bevor Sie einen Aufguss machen.

Vor Aufguss fragen

Treffen Sie dort einen Kollegen oder den Chef? Bleiben Sie souverän und wechseln Sie ein paar unverfängliche Worte miteinander. Richten Sie es so ein, dass sie beide eine Position mit derselben Blickrichtung einnehmen.

8 International

Uwe Freund: Knigge-Update – Mehr Erfolg durch Business-Etikette

Wenn Sie selbst viel international reisen, müssen Sie sich flexibel und gekonnt auf Menschen anderer Kulturen einstellen können, um erfolgreich zu sein. Aber auch in Deutschland hilft Ihnen die Kenntnis kultureller Unterschiede, Ihr Gegenüber aus einem anderen Kulturkreis besser zu verstehen und bessere Bindungen herzustellen.

Was muss ich im arabischen Raum besonders beachten?

Der Islam hat auch das Geschäftsleben in allen arabischen Ländern geprägt. Während bei uns Samstag und Sonntag frei sind, ist im Nahen Osten der Donnerstag mit unserem Samstag und Freitag mit Sonntag vergleichbar. Das ist vor allem bei der Vereinbarung von Geschäftsterminen wichtig.

Wochenende am Freitag und Samstag

Der Fastenmonat Ramadan gilt als heiliger Monat der Moslems. Es ist die Zeit des Betens und des Fastens, die sich auf alle Lebensbereiche auswirkt. Von Sonnenaufgang bis zum Sonnenuntergang darf nichts gegessen und getrunken werden. Läden und Lokale machen erst am Abend auf.

Ramadan

Die Begrüßung erfolgt per Handschlag, wobei eine länger gehaltene Hand als Zeichen der Sympathie gilt. „Scheich" gilt als respektvolle Anrede für einen reichen oder älteren Mann. Mit „Exzellenz" spricht man einen Minister an. Erkundigen Sie sich vorher am besten, mit wem Sie es zu tun haben. Meist entscheiden persönliche Sympathien, ob Geschäfte zustande kommen oder nicht.

Ihre Visitenkarte überreichen Sie immer mit der rechten Hand, da die linke als unrein gilt. Für ihre Verhandlungen ziehen Araber einen Ort außerhalb des Büros vor, beispielsweise ein Restaurant oder Café. Nehmen Sie sich viel Zeit und seien Sie geduldig im Kontakt mit Ihren Verhandlungspartnern. Eine Verhandlung wird so geführt, dass es zum Schluss für alle Beteiligten ein Gewinn wird.

Linke Hand gilt als unrein

Besprechungen hält man oft bei Speisen und Getränken in ruhigen Hotels und Restaurants. Essen Sie nur mit der rechten Hand; vor und nach dem Essen reinigen Sie Ihre Hände. Alkohol ist tabu und steht nur für Touristen auf der Getränkekarte. Am besten bestellen Sie ähnliche Gerichte wie Ihr Geschäftspartner,

Nur mit der rechten Hand essen

dann sind Sie auf der sicheren Seite. Wenn Sie einen Kaffee bestellen, signalisieren Sie, dass Sie bald gehen möchten. Hinterlassen Sie rund zehn Prozent Trinkgeld. In Ländern wie Ägypten wird bereits für die geringste Dienstleistung Trinkgeld erwartet.

Geschenke

Pflegen Sie Ihre Beziehungen. Kleine Geschenke sind immer willkommen.

Nicht so gerne gesehen werden Gesprächsthemen wie Politik und Religion. Schneiden Sie diese Themen am besten gar nicht erst an, so vermeiden Sie Missverständnisse. Bei Einladungen ziehen Sie Ihre Schuhe aus, insbesondere wenn Sie heilige Stätten betreten.

Was muss ich in China besonders beachten?

Verhalten Sie sich in China reserviert und legen Sie großen Wert auf das richtige Verhalten. Ausländische Gäste werden höflichkeitshalber per Handschlag begrüßt, wobei der Händedruck nicht zu kräftig sein sollte. Chinesen reagieren sehr förmlich und ziehen Kontakt mit Geschäftspartnern vor, denen die Benimmregeln bekannt sind.

Sie nennen zuerst ihren Nachnamen, dann ihren Vornamen, sprechen sich aber mit Frau/Herr und Nachnamen an. Verwenden Sie stets den Nachnamen, es sei denn, Sie werden gebeten, Ihren Geschäftspartner beim Vornamen zu nennen.

Zeigen Sie, dass Ihnen das Essen schmeckt

Auf ein gemeinsames Essen legen Chinesen besonders großen Wert. Die Gerichte werden für alle Gäste gleichzeitig bestellt. Hier verteilt man das Essen von gemeinsamen Platten mit separaten Stäbchen. Die Tischmanieren in China unterscheiden sich stark von Europa. So zählt das Schlürfen und Schmatzen zum guten Ton. Gegessen wird mit Stäbchen. Führen Sie dabei gleichzeitig die Reisschale zum Mund.

Anstandshäppchen übrig lassen

Lassen Sie ein „Anstandshäppchen" auf Ihrem Teller als Zeichen, dass Sie satt sind. Ebenso verhalten Sie sich mit Getränken. Ein halb volles Glas wird sofort nachgefüllt. Während des Essens sprechen Sie eine Gegeneinladung aus. Das schätzen Ihre Geschäftspartner sehr. Der Gastgeber übernimmt auch die Rechnung des Essens.

Trifft man sich außerhalb zum Essen, dreht sich die Diskussion darum, wer bezahlen darf. Einen Ehrenplatz erhält derjenige, der rechts neben dem Gastgeber sitzt und Blick auf die Tür hat.

Ehrenplatz mit Blick zur Tür

Wenn Sie privat in das Haus eines Chinesen eingeladen sind, bringen Sie Blumen mit (allerdings keine weißen oder gelben) oder kleine Gastgeschenke aus Europa, die sehr beliebt sind. Denken Sie daran, die Köchin oder den Koch für das gute Essen zu loben. Wundern Sie sich jedoch nicht, dass das Lob scheinbar nicht akzeptiert, sondern heruntergespielt wird, im Sinne von: „Das war doch nicht ..."

Die Farben der Bürokleidung der Chinesen sind eher gedeckt. Im Büro tragen Sie ähnliche Geschäftskleidung wie in Europa. Bei wichtigen Terminen ist ein Anzug mit weißem Hemd und Krawatte passend. Damen tragen meist Hosenanzüge oder Kostüme mit hochgeschlossenen Blusen.

Gedeckte Kleidung

Visitenkarten werden mit beiden Händen überreicht. Nachname und Vorname sind auf der Rückseite auch in englischer Version gedruckt. Es gilt als eine große Ehre, gegenseitig Visitenkarten auszutauschen. Seien Sie zu Terminen immer pünktlich. Auch wenn Ihr Geschäftspartner Englisch spricht, ist es sinnvoll, bei wichtigen Terminen einen Dolmetscher dabei zu haben.

Visitenkarten mit beiden Händen überreichen

Bei Verhandlungen bleiben Sie geduldig und gelassen. Vermeiden Sie hektische Gestik, sie gilt als Zeichen mangelnder Selbstkontrolle. Legen Sie es nicht darauf an, dass Ihr Gesprächspartner sein Gesicht verliert. Ideal ist, wenn beide Parteien bei einem Geschäft als Gewinner hervorgehen.

Respekt vor dem Alter gilt in China als unerlässlich. Respektieren Sie Hierarchien, Machtverhältnisse und die kommunistische Partei.

Rezept vor dem Alter

Es gibt eine ganze Reihe von Dingen, die in China verpönt sind: Visitenkarten achtlos einstecken, Verspätungen, weiße oder gelbe Blumen verschenken, laut reden, Stäbchen auf den Boden werfen (das bringt angeblich Unglück), Gefühle wie Ärger und Wut zeigen oder politische Themen als Gesprächsthemen wählen.

Was muss ich in Frankreich besonders beachten?

Anrede mit
Madame oder
Monsieur

Franzosen sind zunächst einmal sehr zurückhaltend und bieten nur zögerlich das „Du" an. Es ist aber bequem, dass man sich den Namen des Gesprächspartners nicht unbedingt merken muss, da man sich untereinander meist mit „Madame" und „Monsieur" anspricht.

Wenn Sie ernst genommen werden möchten, beginnen Sie mit der korrekten Anrede. Diese enthält immer die Anredeform und die Position Ihres Geschäftspartners. Zum Beispiel: „Monsieur Le Président", oder die Anredeform und den Namen wie „Madame Dupont". Geschäftspartner werden nie geduzt.

Im Alltag sagen Sie nicht einfach nur „ja" oder „nein", sondern „Oui, Madame" oder „Non, Monsieur". In Frankreich sind genaue Tagesabläufe selten und Tagesordnungen für Besprechungen nur ein grober Anhaltspunkt. Obwohl hier auf Pünktlichkeit nicht sonderlich viel Wert gelegt wird, ist es empfehlenswert, als Gast stets pünktlich erscheinen. Sie müssen allerdings damit rechnen, dass sich der andere möglicherweise verspätet. Schlagen Sie keine Geschäftstermine vor, die in den Ferienmonat August fallen. Respektieren Sie die Ruhepause zwischen 12 und 14 Uhr, und legen Sie Ihre Termine besser auf den Nachmittag.

Französisch ist
ein Muss

Eine gepflegte, formelle und dunkle Geschäftskleidung ist immer angemessen, nach Büroschluss kann es auch gerne etwas legerer sein. Verhandlungen in Englisch finden fast nie statt. Man erwartet von Ihnen, dass Sie Französisch sprechen. Möchten Sie ein Gastgeschenk mitbringen, schicken Sie es schon am Morgen des Termins an den Gastgeber. Bringen Sie bei privaten Einladungen keinen Wein mit, um Missverständnisse vorzubeugen. Der Gastgeber könnte das Gefühl haben, Sie wollten andeuten, dass er nicht in der Lage ist, einen guten Wein auszusuchen.

Beim Betreten eines Restaurants warten Sie immer darauf, bis Ihnen ein Platz vom Servicepersonal zugewiesen wird. Anders als in Deutschland ist es nicht üblich, selber einen freien Tisch zu suchen. Essen wird in Frankreich geradezu zelebriert. Sie dürfen gerne während des Essens sprechen, allerdings ausschließlich über private Themen. Hier gilt das Motto: „Après la poire et le fro-

mage" - nach Obst und Käse. Erst dann dürfen auch geschäftliche Themen angesprochen werden.

Was muss ich in Großbritannien besonderes beachten?

Großbritannien setzt sich aus England, Wales und Schottland zusammen. Daher
sprechen Sie von Briten und nicht von Engländern. Briten wirken oft distanziert
und gehoben, in der Sprache spürt man einen Hauch von Ironie. Dies hat aber
keinesfalls mit Arroganz zu tun. Der britische Humor gilt als schwarz und maka-
ber, nehmen Sie ihn nicht persönlich.

In Großbritannien wird einmal die Hand geschüttelt, wenn man sich das erste
Mal vorstellt. Grundsätzlich legen Briten ein gewisses Distanzverhalten an den
Tag. Respektieren Sie es.

Wenn Ihr Geschäftspartner „very interesting" sagt, entspricht dies einem
„okay". „We have a tiny problem" bedeutet, dass es ein größeres Problem gibt.
Briten untertreiben gerne, wenn es um Probleme geht. Fragen Sie daher bei Un-
klarheiten oder Unsicherheiten immer sofort nach. Meetings sind in Großbritannien nicht so organisiert wie in Deutschland. Lassen Sie sich nicht verunsichern.

Understatement

Wenn Sie warten müssen, seien Sie geduldig und drängeln nicht. Sonst wirken
Sie auf den britischen Geschäftspartner ungehobelt. In Warteschlangen vorzu-
drängeln, gilt als unerhört.

„Excuse me", „Sorry" oder „Thank you" wird häufig gesagt und gehört. Bewahren Sie immer die Ruhe und Fassung. Pünktlichkeit wird in Großbritannien
großgeschrieben. Ein gemeinsamer Gin Tonic oder ein Bier nach der Arbeit in
einem Pub ist unter Kollegen sehr beliebt.

Vergessen Sie in Restaurants nicht die „cover charge" (Gedeckkosten) sowie die
„service charge". Das Trinkgeld beträgt 15 Prozent. Den gleichen Anteil erwartet
von Ihnen auch der Taxifahrer.

Was muss ich in Italien besonders beachten?

Während Norditalien im Geschäftsleben Deutschland ähnlich ist, zeigt sich Süditalien eher konservativ. Dort treffen Sie nicht viele Frauen in Führungspositionen an. Bereiten Sie sich als Geschäftsfrau darauf vor und treten Sie selbstbewusst auf. Besonders älteren Geschäftspartnern gegenüber ist man in Italien sehr höflich. Man begrüßt sich per Handschlag.

Die richtige Anrede der Gäste ist „Signor" und „Signora". Herzlicher grüßen Sie Personen, die sie sehr gut kennen. In diesem Fall ist eine Umarmung oder ein Küsschen auf die Wangen nicht selten. „Ciao" hat im Geschäftsleben nichts zu suchen. Wenn Sie Ihren Chef, Vorgesetzten oder Geschäftspartner so grüßen, haben Sie ihn geduzt.

Italiener verwenden gerne Titel wie „Dottore" und „Professore". Sie können bei der Anrede auch Titel und Namen zu kombinieren, zum Beispiel „Buongiorno, Signor Salerri". Als Ausländer punkten Sie, wenn Sie etwas Italienisch sprechen. Ein „Buon Giorno" für Guten Tag, „Scusi" für Entschuldigen Sie bitte oder „Arrivederci" für Auf Wiedersehen öffnet Ihnen vielen Türen und macht Sie sympathisch. Schnelligkeit und Rhetorik gehören zu den italienischen Managerqualitäten.

Lassen Sie sich bei Meetings nicht aus der Ruhe bringen. Aufgestellte Tagesordnungspunkte werden oft nicht eingehalten. Bevor Sie wichtige Details überhören, unterbrechen Sie ruhig und fragen Sie nach. Fixieren Sie Verhandlungsergebnisse unbedingt schriftlich. Etwas Bedenkzeit wird Ihnen normalerweise gewährt.

Im Norden Italiens kommen Verspätungen selten vor. Bestätigen Sie Ihre Termine ein bis zwei Tage vorher per E-Mail oder Fax und erwähnen Sie, dass Sie sich auf den Termin freuen.

Mode auch im Business

Italiener sind modebewusst. Frauen machen mit einem schicken Kostüm oder Hosenanzug nichts falsch, Männer sehen gut im Anzug aus. Farblich ist bei Anzügen alles erlaubt, solange es seriös aussieht. Bei Krawatten verzichten Sie lieber auf kräftige Farben.

Geschäfte werden gerne beim Essen besprochen. Suchen Sie im Restaurant nicht selbstständig einen Tisch. Das Menü wird mit einem Espresso beendet. Nach dem Kaffee wird kein Alkohol mehr getrunken. Cappuccino trinkt man traditionell nur zum Frühstück oder am Nachmittag.

Rechnungen werden am Tisch nicht unter die einzelnen Teilnehmer aufgeteilt. Ein gegenseitiges Einladen ist selbstverständlich.

Was muss ich in Indien besonders beachten?

Grüßen Sie auf Indisch. Legen Sie die Hände aneinander, verschränken Sie sie vor der Brust und beugen Sie sich leicht vor. Titel wie Professor oder Doktor sind Indern sehr wichtig. Mit Vornamen begrüßen Sie enge Freunde.

Kein Händeschütteln

In Indien wird nur mit der rechten Hand gegessen, die linke gilt als unrein. Nach dem Essen bedanken Sie sich niemals für das gute Mahl, denn es wird als Beleidigung aufgefasst.

Linke Hand gilt als unrein

Machen Sie kleine Gastgeschenke, sie sind immer willkommen. Beliebt sind besonders westliche Waren. Vermeiden Sie Geschenke aus Leder zu machen, da Kühe für Hindus heilige Tiere sind. Wählen Sie eine helle Businesskleidung, und führen Sie Gespräche über indische Tradition und Sport, vor allem Kricket.

Betreten Sie heilige Stätten und Wohnungen nicht mit Schuhen. Diskussionen über den Pakistankonflikt werden nicht gern gesehen. Achten Sie darauf, dass indische Moslems kein Schweinefleisch essen und Hindus kein Rindfleisch. Vermeiden Sie schwarze Kleidung oder generell dunkle Farben. Frauen kleiden sich nicht zu kurz und nicht in allzu eng anliegenden Kleidern.

Schwarze Kleidung vermeiden

Was muss ich in Japan besonders beachten?

Japaner legen großen Wert auf gutes Benehmen, nicht nur im Berufsleben, sondern auch im Alltag. Die Kleidung ist immer förmlich: Dunkle Anzüge bei Herren,

Hosenanzüge und Businesskleider in gedeckten Farben bei Damen. Tragen Sie vorzugsweise hochgeschlossene Blusen.

Verbeugung zur
Begrüßung

Selbstkontrolle ist die wichtigste Eigenschaft. Wer seine Beherrschung verliert, hat im Geschäftsleben sehr schlechte Karten. Ein wichtiges erstes Zeichen für gutes Benehmen ist die Begrüßung mit einer Verbeugung. Je wichtiger der Geschäftspartner ist, desto tiefer fällt diese Verbeugung aus. Die Hände liegen dabei locker auf den Oberschenkeln. Ein Handschlag ist aber durchaus auch möglich.

Visitenkarte mit
beiden Händen
übergeben

Gleich nach der Begrüßung werden Visitenkarten überreicht. Übergeben Sie Ihre Karte mit beiden Händen. Sind Sie oft geschäftlich in Japan unterwegs? Dann bedrucken Sie Ihre Visitenkarten auf der Rückseite in Japanisch. Nennen Sie Ihren Nachnamen vor dem Vornamen.

Bei geschäftlichen Terminen erscheinen Sie immer pünktlich, am besten in Begleitung eines Kollegen. Dies drückt Wichtigkeit und Wertschätzung aus. Kontakte erfolgen meistens durch Dritte. Gehen Sie nie zu direkt vor, Japaner machen ungern Geschäfte mit Fremden. Handelsmessen und Handelsdelegationen bieten Ihnen Gelegenheiten, Kontakte zu knüpfen.

Geschäftspartner freuen sich immer auf kleine Geschenke aus dem Heimatland, die Sie geschmackvoll und ideenreich verpacken können. Geschenke überreichen und empfangen Sie mit beiden Händen.

Es ist üblich, mit Freunden oder Geschäftspartnern zum Essen oder zum Trinken zu gehen. Es wird dann unverbindlich über Themen wie die Zen-Philosophie oder die Zen-Meditation geplaudert.

Anstandsrest
lassen

Japaner unterscheiden zwischen Beruf und Privatleben. Während tagsüber alles sehr formell abläuft, wird der Abend oft laut und fröhlich bei warmen Sake oder Karaoke Veranstaltungen gefeiert. Wenn Sie nicht mehr trinken möchten, lassen Sie Ihr Glas voll, damit es nicht nachgefüllt wird.

Teehäuser gelten in Japan als Orte der Entspannung. Viele Japaner entfliehen der Hektik des Alltags und finden eine kleine Oase der Ruhe im Teehaus. Würdigen Sie die Zeremonie des Teetrinkens entsprechend. Im Restaurant bestellt immer der Gastgeber, die Rechnung begleicht aber derjenige, der als Erster nach der Rechnung verlangt.

Wenn Sie privat eingeladen werden, ziehen Sie Ihre Schuhe und Jacke bereits an der Haustüre aus. Stellen Sie Ihre Schuhe so hin, dass Sie mit den Spitzen nach außen zeigen. Viele Gastgeber bieten Ihren Gästen Hausschuhe an. Naseschnäuzen oder Husten sind unerwünscht.

Tragen Sie keine weiße Kleidung ohne einen Trauerfall, und schenken Sie keine weiße Blumen. Halten Sie keinen konstanten Blickkontakt zu Ihrem Gegenüber, und unterbrechen Sie Ihre Gesprächspartner nicht. Betreten Sie keine Wohnungen mit Straßenschuhen, und klopfen Sie keinen Rücken als Begrüßung. Wildes Gestikulieren bei Verhandlungen wird nicht gern gesehen.

Keine weiße Kleidung, keine weißen Blumen

Vermeiden Sie Anekdoten bei Verhandlungen, Sie wirken unseriös.

Was muss ich in Russland besonders beachten?

Herzlichkeit und persönliche Beziehungen spielen eine große Rolle. Geschäftsbeziehungen werden oft im privaten Rahmen fortgeführt: Sie können mit Familieneinladungen rechnen, die Sie dann auch am besten annehmen.

Die Begrüßung erfolgt mit einem Händedruck. Wer sich gut kennt, begrüßt sich mit Wangenküsschen und Umarmung. Strecken Sie Ihre Hand zum Begrüßen nicht schon vor dem Überschreiten der Türschwelle entgegen. Abergläubische Russen fürchten, dies könne Unglück bringen.

Händedruck erst nach der Türschwelle

Russen bauen Ihre Geschäftsbeziehungen auf Vertrauen auf und erwarten, dass sie intensiv gepflegt werden. Sie kommen gut an, wenn Sie an Festen teilnehmen und bei Verhandlungen hartnäckig sind. Hartnäckigkeit, Kreativität und Einfühlungsvermögen sind die besten Voraussetzungen für gute Geschäfte.

Kleidung symbolisiert gesellschaftliche Wertung

Wenn Sie ernst genommen werden möchten, kleiden Sie sich entsprechend. Anzug und Krawatte sind ein Muss. In Russland spiegelt die Kleidung die Position in der Gesellschaft wieder und ist Symbol der Macht und des Wohlstandes. Herren sind mit einem dunklen oder blauen Anzug auf der sicheren Seite, Frauen dürfen sich feminin kleiden. Russinnen schminken sich auch tagsüber auffällig, bei Geschäftsfrauen ist aber eher ein dezentes Tages-Make-up von Vorteil.

Wodka wird immer gern bei Geschäftsessen angeboten, spielt aber keine so große Rolle mehr wie früher. Einige russische Geschäftspartner testen dennoch gern, wie trinkfest jemand ist. Trinken Sie das eine oder anderer Glas mit. Sonst gelten Sie als arrogant. Essen Sie vorher, um mithalten zu können. Der erste Trinkspruch wird immer vom Gastgeber ausgesprochen. Wer in Russland seinen Teller leer isst, zeigt indirekt, dass er noch nicht satt ist. Daher erhält er sofort einen Nachschlag.

Versuchen Sie ein wenig Russisch zu sprechen : „Dobryi djen" - Guten Tag, „Spasiba" - Danke, „Paschalusta" - Bitte, „Da swidanija" - Auf Wiedersehen.

Wenn Sie als Geschäftsmann in Moskau ernst genommen werden möchten, verzichten Sie auf öffentliche Verkehrsmittel und reisen mit Taxi oder Privatlimousine. Bei Zugreisen ist es wichtig zu wissen, dass das Land mehrere Zeitzonen hat, aber alle Züge nach Moskauer Zeit fahren.

Was muss ich in Spanien besonders beachten?

Buenos días, Doctor Martínez

Status und Titel wie „Presidente", „Director" oder „Doctor" sind für die Spanier sehr wichtig und gehören zur richtigen Anrede. Zur Begrüßung des Gesprächspartners Doktor José Antonio Martínez könnte man sagen: „Buenos días, Doctor Martínez".

In Business-Gesprächen werden die Partner stets gesiezt, es sei denn, sie haben Ihnen bereits vorab das Du angeboten. Innerhalb der Firmen selber duzen sich die meisten Mitarbeiter automatisch, auch beispielsweise Sekretärin und Chef.

Bei der Kommunikation im Geschäftsleben ist Smalltalk ausgesprochen wichtig in Spanien. Beliebte Themen sind Fußball, wobei Sie allerdings aufpassen müssen, in welcher Stadt Sie sich befinden. Es ist zum Beispiel ungünstig, wenn man vor Madrider Geschäftspartner vom FC Barcelona schwärmt.

Kommen Sie mit Spaniern nicht direkt auf den Punkt, wie Sie es mit deutschen Geschäftspartnern gewohnt sind. Sie reden gerne vorher über das Wetter oder den letzten Wochenendausflug mit der Familie, bevor Sie zur Tagesordnung übergehen. Pünktlichkeit ist in Spanien nicht die oberste Priorität. Spanische Gäste dürfen sich rund 15 bis 20 Minuten verspäten. Nehmen Sie ihnen das nicht übel.

Der Arbeitsalltag beginnt normalerweise um neun oder zehn Uhr. Zwischen 14 und 16 Uhr ist Mittagspause. Die Restaurants öffnen frühestens um 13:30 Uhr. Die früher übliche Siesta im Sinne eines Mittagsschlafs gibt es heutzutage nicht mehr. Dafür wird das Mittagessen auch gerne für Meetings und Geschäftsessen genutzt.

Viele wichtige Angelegenheiten werden in Spanien oft im Restaurant oder sogar in einer Bar besprochen. Lassen Sie sich von dem informellen Rahmen nicht verunsichern, es ist durchaus üblich. Deshalb ist der Termin nicht weniger wichtig.

Nach der Mittagspause wird oft bis spät in den Abend gearbeitet. Auch (unbezahlte) Überstunden sind an die Regel. Geschäftsessen sind ebenfalls abends üblich, meist ab 21 Uhr. Da die Spanier gerne lang und ausgiebig essen und dabei viel reden, dauern diese Treffen nicht selten bis 23 Uhr oder später.

August ist der traditionelle Urlaubsmonat in Spanien. In dieser Zeit sind viele Großstädte wie ausgestorben, weil sich das Leben an den Küstenorten abspielt. Wichtige Termine kann man bis Ende Juli legen oder Anfang September wieder aufnehmen.

Eine weitere Besonderheit in spanischen Großstädten ist die Sommerarbeitszeit. Viele Firmen führen zwischen Mai/Juni und September eine „Intensivarbeitszeit" von acht bis 15 Uhr ein. Dennoch finden wichtige Verhandlungen in

Smalltalk ist wichtig

Persönliches schafft Kontakt

Business-Termine oft in Restaurants und Bars

Abendessen erst ab 21 Uhr

Sommer-arbeitszeit

Ausnahmefällen auch nach dieser Zeit statt. Eine Ausnahme bildet der Freitag, den viele Spanier nutzen, um pünktlich Feierabend zu machen und das Wochenende so ausgiebig wie möglich zu genießen.

Legen Sie großen Wert auf ein gepflegtes Äußeres, modische Kleidung und schöne, vor allem saubere, Schuhe. Ein Blick auf das Schuhwerk des Gesprächspartners ist keine Seltenheit. Ähnlich wie in Italien, erzählt man Geschäftsfreunden gerne von der Familie und erkundigt sich nach Frau und Kindern.

Wichtige Redewendungen: „Buenos días" - Guten Tag (bis 14 Uhr), „Buenas tardes" - Guten Tag (nach 14 Uhr), „Buenas noches" (ab ca. 21 Uhr). „Gracias" - Danke, „Por favor" - Bitte, „Adios" oder „Hasta pronto" - Auf Wiedersehen/Bis bald.

Was muss ich in den USA besonders beachten?

Smalltalk extrem wichtig

Amerikaner sind kontaktfreudig, sehr offen und recht unkompliziert. Smalltalk wird großgeschrieben und geht jedem Gespräch voraus, bevor man auf das Wesentliche zu sprechen kommt. Beliebte Themen sind Reisen, Sport, Filme, Wellness oder Musik. Vermeiden Sie Themen wie Religion, Diskriminierung und Gespräche, die Meinungsverschiedenheit fördern können.

Begrüßung ohne Hierarchie

Ohne Rücksicht auf die Hierarchie grüßt derjenige, der sein Gegenüber zuerst gesehen hat. Nur bei einer Begrüßung mit Handschlag streckt die ranghöhere Person zuerst die Hand aus. Genauso wie in Europa ist ein kurzer, fester Handschlag Ausdruck starker Persönlichkeiten. Nur Ärzte werden mit „Doctor" begrüßt. Nach der Begrüßung nennen sich die meisten Amerikaner beim Vornamen.

Pünktlichkeit wichtig

Pünktlichkeit hat höchste Priorität. Geschäftspartner warten zu lassen, gilt als große Unverschämtheit. Bei Besprechungen lassen Sie sich nie von Mobiltelefonen stören, und bleiben Sie konzentriert beim Thema.

American English

Achten Sie auf perfekte Präsentationen und auf Ihre Aussprache, hier wird gehobenes American English gesprochen. Ausgeprägtes British English wird als oft als arrogant empfunden.

Der Dresscode spielt eine große Rolle. Je höher die Position, desto formeller die Kleidung. Dunkle Anzüge für Herren sind selbstverständlich. Damen zeigen in der Geschäftswelt nie viel Haut. Sie tragen tagsüber ein dezentes Make-up, Feinstrumpfhosen und flache Schuhe (bis zu vier Zentimeter hohe Absätze). Auf Körperpflege und Hygiene legen Amerikaner sehr viel Wert. Männer mit Dreitagebart werden nicht gern gesehen, Damen mit unrasierten Beinen gelten als unkultiviert.

In Restaurants ist es üblich, wenn Sie vom Servicepersonal einen Platz zugewiesen bekommen. Alkohol ist in den USA eine schwierige Angelegenheit. In Bars und Lokalen wird zwar angeboten, Alkohol zu trinken, er ist aber eher verpönt. Amerikaner schneiden das Essen mit Messer und Gabel, legen dann die linke Hand auf den Schoß und essen mit der Gabel weiter. Die europäische Art wird aber auch akzeptiert.

Wenn Sie Ihren Tisch kurz verlassen, legen Sie Ihre Serviette nicht auf den Tisch, sondern auf dem Stuhl. Erheben Sie sich, wenn eine Dame den Tisch verlässt, ebenso, wenn sie zu ihrem Platz zurückkommt. Wenn Sie eine Rechnung zahlen, vergessen Sie nicht, 15 oder 20 Prozent des Gesamtbetrages als Trinkgeld zu hinterlassen.

Wichtige Redewendungen: „How are you?" oder „How do you do?" - Wie geht es Ihnen, „Thanks, I'm fine, and you?" - Danke, gut, und Ihnen, „Nice to meet you" - Schön, Sie kennenzulernen, „Enjoy your meal" - Guten Appetit.

Treten Sie niemandem persönlich zu nahe. Komplimente können schnell falsch verstanden werden. Vermeiden Sie Berührungen in der Geschäftswelt. Stecken Sie bei Meetings nicht beide Hände in den Hosentaschen, und verschränken Sie nicht die Arme vor dem Körper, da dies ablehnend wirkt.

Wait to be seated

Tipps, E-Mail-Hotline und Informationen

Uwe Freund: Knigge-Update – Mehr Erfolg durch Business-Etikette

Tipps und Hilfe

Haben Sie Fragen? Wir antworten Ihnen direkt unter www.fraguwe.de und
www.facebook.de/fraguwe

Antworten auf alle Fragen direkt per E-Mail

Haben Sie ganz individuelle Fragen? Dann senden Sie uns einfach eine
E-Mail info@uwefreund.com

Kommunikationstraining und Coaching

Trainings, Workshops und Coaching zum Thema finden Sie unter www.uwefreund.com

Buchtipps

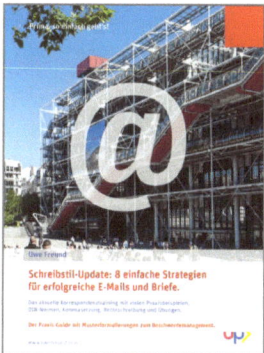

Schreibstil-Update: 8 einfache Strategien für erfolgreiche Briefe und E-Mails. Das aktuelle Korrespondenztraining mit vielen Praxisbeispielen, DIN-Normen, Kommasetzung, Rechtschreibung und Übungen.

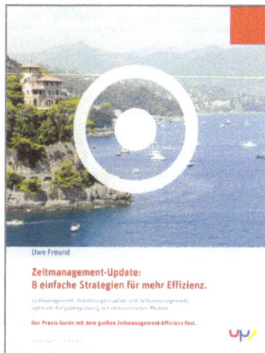

Zeitmanagement-Update: 8 einfache Strategien für mehr Effizienz. Zeitmanagement, Arbeitsorganisation und Selbstmanagement, optimale Aufgabenplanung mit elektronischen Medien.

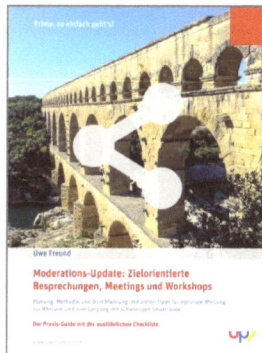

Moderations-Update: Zielorientierte Besprechungen, Meetings und Workshops. Planung, Methodik und Durchführung: mit vielen Tipps für optimale Wirkung, zur Rhetorik und zum Umgang mit schwierigen Situationen.

Bücher, eBooks und Apps: **www.upnextedition.com**

Bücher und Kindle:	amazon.uwefreund.com
iPhone und iPod:	itunes.uwefreund.com
Google Play:	googleplay.uwefreund.com
PDF-Format:	pdf.uwefreund.com

Stichwortverzeichnis

www.ingramcontent.com/pod-product-compliance
Lightning Source LLC
Chambersburg PA
CBHW052051190326

41519CB00002BA/185

9 783930 175581